JN198894

西郷どんの西南戦争

田原坂の戦い

回天〜明治維新の終焉

岡本顕実　著

櫂歌文庫

目次

序言　維新を悔いて涙した西郷

一般に、明治維新は明治10年（1877）の西南戦争をもって終息した、と言われる。幕末、アメリカ使節ペリーの来航（1853）で幕を開けた維新回天の大きな時代のうねりは24年間の歳月を経てピリオドを打ったのである。以後、明治の本格的な国家づくりが始まる。

それにしても内憂外患の24年間はいささか永い。前半は尊皇攘夷から倒幕運動へ、後半は維新開化で西洋文明の取入れ（これを文明開化と称す?!）が政治上の最大のメルクマールであった。その倒幕運動では薩摩の西郷隆盛が中心的な役割を果たし、新しい維新政府の柱石となったことは良く知られる。

維新第一の英雄と称えられた西郷だったが、明治6年の「政変」で卒然、政府を去る。4年後、西南戦争。3万余の西郷軍が6万余の官軍と九州で死闘を交える。両軍の戦闘の天王山となったのが熊本市の北辺で展開した「田原坂《たばるざか》の戦い」であった。ここで一敗地にまみれた西郷軍は以後5カ月間、敗走の途をたどり、郷里の城山に戻ったものの、終に全滅。こうして近代日本最大の、そして日本史上最後の内戦は幕を閉じた。勝利を得た維新政府は天皇制絶対主義の国家樹立を急ぐ。

維新政府を手塩にかけて育てた西郷が竹馬の友であり、自他ともに盟友と認める大久保利通と決別し、政府と全面対決することになったのは何故なのか？　巷間、よく言われる「征韓論の敗北」▽「不平士族のリーダーだった」等の通説は正しいのかどうか？　140年以上経った今なお、論争が続く。

「維新第一の英雄」が一転「国賊」へ――。そのような西郷が明治22年（1889）、明治憲法の発布に伴う恩赦で、賊名が払われたのみか、正三位の高位が追贈された。西南の動乱のわずか12年後のことである。さらに9年後には今度は東京の上野公園に西郷の銅像が建立された（現存する、あの銅像である）。除幕式で参列者を代表して祝辞を述べた時の首相、山県有朋は西南戦争の現地司令官であった。

　この〝一大奇観〟は一体何だ？ 生前、西郷は「明治維新とは何だったのか？」と、しきりに涙した（傍点・筆者）という。その涙とは――。

第一章　西郷、ついに起つ

鹿児島湾は海水が流入して出来た巨大な火口湖なのだという。始良《あいら》カルデラ。東西23km、南北17km（鹿児島湾の北辺に始良町という地名がある）。その巨大さは、すぐ北方の阿蘇カルデラ（東西17km・南北25km）に比肩する。この始良カルデラは更新世《こうしんせい》末期（約2万5000年前）に大爆発を起し、大量のシラスを噴出、山体が陥没して出来た。カルデラの南縁部にあるのが桜島火山で、今なお活発な噴火を繰返すことは良く知られる。

また、鹿児島湾の南端に阿多《あた》（指宿）カルデラ（約9万年前）があり、始良、阿多の超巨大な陥没孔に海水が流入して鹿児島湾のかたちが出来た。さらに言えば、阿多カルデラの南の海底に鬼界カルデラ（約6400年前）がある。これら巨大カルデラの爆発は大量の火山灰で西日本に壊滅的な災害をもたらすこと再三であった。まことに地質年代の大きな尺度とエネルギーは人智を圧倒する。

この鹿児島湾は、美しく錦江湾とも称され、さらに桜島という優雅な名前の点景を伴うが、この島とて海面からいきなり、１０００m超の山塊が南北に三峰立上り、巨大な火口と噴煙が時折り荒ぶる素性を見せつける。陽光に輝く南国の薩摩は実は途轍《とてつ》もない土地柄なのだ。

その桜島が優美至極の装いで現われた。明治10年（１８７７）2月15日、鹿児島は3日間続いた降雪で50年ぶりの大雪に見舞われ、どっしりと裾広がりの桜島が全山、白銀に輝き、神々しいほどであった。

この日、鹿児島ではもう一つの大異変が勃発、日本中を震撼させた。西郷隆盛がついに挙兵し、鹿児島士族1万３０００を率いて武装、上京に踏み切ったのだ。西南戦争の始まりである。薩軍の先鋒隊が熊本をめざす。

出兵に際し、次のような通告文が各県・鎮台に送致された。

拙者共《ども》事、先般御暇《おいとま》の上、非役《ひやく》にして、帰県致し居《お》り候処《ところ》、今般《こんぱん》政府へ尋問《じんもん》の筋有之《これあり》、不日《ふじつ》に当地発程《はってい》致し候間、為御含《おふくみのため》、此段《このだん》届出候。尤《もっとも》旧兵隊之者共《ども》、随行《ずいこう》、多数出立致し候間、人民動揺不致様《いたさざるよう》、一層御保護及御依頼候也。

この有名な通告文（全文）を見る限り、西郷挙兵の「大義名分」がどこにあったのか、「今般、政府へ尋問の筋これあり」——だけで大軍を動かしたのか？と後々まで各方面からさまざまな疑問や批判を招くことになる（後述）。

それはさて置き、「西郷、ついに起つ」の衝激は、発足して10年そこその維新政府を根底から揺るがせた。

それ以前、実は明治7年から同9年にかけて、不平士族による凶行や武装蜂起が頻発していた。

佐賀の乱

明治7年（1874）1月14日、高知士族による岩倉具視の暗殺未遂事件を皮切りに、翌月の15日には佐賀の乱が勃発。前参議の江藤新平、前秋田権令の島義勇に率いられた士族1万1000余人が蜂起するという大規模な反政府行動で、18日、佐賀県庁を占拠した。しかし、政府軍の対応は素早く、東京鎮台、大阪鎮台などからも援兵を派遣して反撃した。反乱軍は高知、熊本、中津などからの援軍を得られず、2週間の戦闘で鎮定された。

苦闘のさ中、江藤は戦線を離れて鹿児島に向い、西郷に出兵を懇願した。だが西郷は最後まで首をたてに振らなかった。悄然《しょうぜん》、江藤は高知に向うが、甲浦《かんのうら》で官憲に捕まる。佐賀の裁判で梟首《きょうしゅ》の判決を受け、島ともども処刑された。このことについて、後に西郷に「江藤は政府の参議時代の同志。せめて切腹くらいの温情をかけてやるべきではなかったか」と批判の声が上ったが、西郷は憤然として「3000の兵を見殺しにして逃げて来るような男に、そんな必要はない」と言い放ったと伝わる（『鹿児島百年』）。

　ともかく政府は江藤、島に対し当時の実務法規（改定律例《かいていりつれい》）を適用せず、スピード裁判でさらし首（当時は廃止されていた）の極刑に処し、各地の反政府勢力に対する強硬な態度を示した。この改定律例は江藤が初代司法卿の時に刑法の近代化を図り法制定したものだったが…。その結果、不平士族の暴走は当面、鳴りをひそめた感があった。

　それでは西郷の本意は、どの辺にあったのであろうか。明治7年2月、佐賀の乱の勃発で内閣顧問、島津久光が西郷に上京を促した際、西郷は「自分は国難に当って死あるのみ」と答えて辞退した（『西郷隆盛全集』）。国難——。西郷は実際、遠からず対外的な危機が生じると懸念していた。最大のそれはロシアの南下政策で、その危機を真剣に心配して「北海道に移り住もうか」と周囲に語ったほどであった。鹿児島に「私学校」を創設したのも、ひとつは帰郷した士族の慰撫と救恤《きゅうじゅつ》対策もあったが、もっとも積極的な理由は「国難」に対応できる国防の兵隊養成にあったのだった。

　こうして西郷は、とかく血気に逸《はや》る士族たちを抑え、諭して来た。だが、ものごとには限度がある。帰郷から3年余、西郷という巨大な磁力で張られた規制線がプッツンと切れる時が来た。

明治10年1月29日夜、私学校党の若者数人が時勢を論じて痛飲し、その勢いで草牟田の陸軍火薬庫を襲撃、小銃や弾薬を奪って引上げる暴挙に出た。翌日は同調する人数が増えて同様の襲撃に及び、さらに31日夜には磯の海軍造船所を襲い、銃器の掠奪を重ねた。これは明らかに国家的反乱行為である。さらに2月1日と2日も続いた。

当時、西郷は狩猟で大隅の山に入っていたが、弟の小兵衛らが事件を急報すると、彼は驚いて膝を打ち、「しまった」と口走ったという。

こと、ここに至って事態はもはや引返せない。西郷はこの時点で初めて挙兵を決意、西南戦争に至るのである。

その一方で、維新政府の打出す諸政策が政治的、社会的緊張を高め、西郷の思惑と齟齬《そご》を来していたことも認めざるを得まい。「大西郷」は「国難」に対処することを己れの行動規範にしていたが、社会一般は別次元の問題で右往左往していた。政府の年来の頭痛の種は、地租改正に伴う全国的な百姓一揆であった。西郷は明治6年以来、政府を離れていた（後で詳述）。

年貢は旧幕時代よりむしろ増えて、「御一新」に期待した農民層の不満が爆発。明治元年から同8年の間に170件もの百姓一揆が起きたというから凄まじい。特に明治9年のそれは26件と最大規模で、政府は地租改正を約束せざるを得なくなる。同10年1月から地租は従来の地価の3％から2.5％に引き下げられた。これで百姓一揆は一応、下火となった。

ところが新たな火種が発火をもたらす事態となった。明治9年10月から12月にかけて、九州・山口各地で小規模ながら士族の反乱が続発する。この世相を下地に、西南戦争が誘爆したと言えなくもないのである。

神風連の乱、秋月の乱、萩の乱

政府は明治9年3月28日、士族の帯刀を禁じる廃刀令を発令。大礼服着用者、軍人、警察官以外の帯刀を一切、禁じることにした。さらに8月には秩禄処分《ちつろくしょぶん》を断行。華族、士族に金録公債を交付して、彼らに対する家禄、賞典録の支給を廃止してしまった。これにより維新以前の公家、領主、武士（すなわち華族、士族）は旧幕府以来の家禄と、維新の功績により政府から与えられた賞典録が、一括して公債証書として支給されたものの、以後の支給が打ち切られ、ために士族層は完全に解体されることになった。

帯刀と家禄の断絶――これにより、士族層の封建的諸特権はことごとく奪われたのである。

廃刀令に最も敏感に反応したのが熊本の敬神党《けいしんとう》（神風連《しんぷうれん》）であった。神風連は敬神、尊皇、攘夷を綱領として極端に西洋化を排斥。わけても帯刀を重んじた。維新後もザンギリ頭を嫌ってチョンマゲをやめず、党はことを決するに際しては「誓約《うけい》」という占いで神慮を仰ぐのを常とした。廃刀令は「皇道を妨げ、民族の伝統を害す」――との誓約を得た旧熊本藩の士族１７０余名は太田黒伴雄を首領に明治9年10月24日、挙兵。あらかじめ鹿児島の私学校、萩の前原党、秋月の宮崎党にも挙兵を働きかけていた。

蹶起《けっき》の一行は不意打ちで攻撃したため、熊本県令、熊本鎮台司令長官の殺害には成功したものの、翌日には鎮台兵によって鎮圧され、太田黒をはじめ大半が戦死。乱はあっけなく収束した。

この神風連の乱の3日後、今度は福岡の秋月（現・朝倉市秋月）で、秋月士族の宮崎車之助《しゃのすけ》率いる230名が蜂起。神風連に呼応したのだった。萩の前原らに合流しようと兵を豊津に進め、豊津士族との連携を図ったが、小倉鎮台の急襲にあい、英彦山に退却。宮崎は自害、他は多くが捕えられた。

秋月蜂起の翌28日、山口県の萩で前原一誠《まえばらいっせい》が同志200人余と共に立ち、政府に叛旗をひるがえす。これも神風連の乱、秋月の乱に呼応した動きだった。前原は吉田松陰門下生として名声があり、倒幕運動に挺身。新政府では参議、兵部大輔を歴任したが、病を得て辞任。萩に戻る。しかし、同郷で政府要人の木戸孝允に反目、政府の近代化政策を公然と批判して憚らず、6年余の雌伏に堪えて来た。

だが、乱は旬日を出ずして鎮圧され、一誠は島根県で捕えられる。12月3

日、山口裁判所は「斬首」の刑を宣告。首謀者8人と共に処刑された。

こと、ここに至る2年余、佐賀の乱を初めとして神風連、秋月、萩と政府打倒の武力闘争が勃発し、そのいずれのリーダーもが西郷の挙兵を渇望したが、西郷の峻絶にあい、彼らは政府軍の前にあえなく散った。

その西郷が、萩の乱のわずか2か月後、今度は前例のないほどの軍容を整えて、政府に対峙すべく起《た》ったのである。西南戦争——近代日本最大の、そして日本史上最後の内戦——がこうして戦端を開くのだが、これにはもうひとつ、複雑怪奇で深刻な問題が絡んでいた。西郷暗殺計画が露見したのである。東京警視庁から派遣された警部ら約20名（いずれも元・鹿児島士族）が2月3日から7日にかけて私学校党に捕まり、計画を「自供」。その口供書もあるという。警視庁のトップ、川路利良は元・鹿児島士族で大久保利通の腹心である。暗殺計画には大久保も噛んでいた?! これが私学校の怒りに火をつけ、西郷の挙兵を決心させた、と言われる。すなわち、暗殺計画について尋問することが挙兵の名分《めいぶん》、と一般に受け止められることになる（後述）。だが、そうであったか…？

第二章　薩軍、緒戦で最大の誤算

果して西郷は起《た》つのか？　鹿児島の不穏な動きが頻々と政府に伝わる。陸軍卿、山県有朋は「もし、西郷が起てば実に天下の大乱となろう」と強い危機感を抱き、三条実美太政大臣に、実に全国23ヵ所の地名をあげて不穏な空気を伝えた。肥前、肥後、久留米、柳川、阿波、土佐、因幡、備前、備中、備後、彦根、桑名、静岡、松代、大垣、高田、金沢、酒田、津軽、会津、米沢、舘林、佐倉――である。岩倉具視も同様、特に鶴岡士族と土佐の動向を懸念した。山県は早くも2月13日より戦闘準備に入った。

ところが内務卿、大久保利通は違った。部下の伊藤博文に送った次のような有名な手紙がある。「もし、戦争となれば、名もなく義もなく、言訳《いいわけ》も立たないことは明らかで、正々堂々、その罪を鳴らし、之を討てば誰があれこれ言おうか。今、このことで戦端が開けば誠に朝廷（政府）にとって不幸中の幸いと、ひそかに心中に笑いが生じるくらいだ」。この文末のところは原文（大久保の言葉）では「ひそかに心中には笑《えみ》を生じ候くらいに之あり候」で、まるで〝ほくそ笑み〟ともとれる。「ほくそ笑む」＝「物事がうまくいったと、ひそかに笑う」（広辞苑）。かつての竹馬の友であり、刎頸《ふんけい》の仲であった西郷。西郷が政府を去って、大久保は当時、政府の最高実力者であった。

この大久保書簡について、研究者の間では①大久保は西郷が挙兵という軽挙妄動に加担していないと確信していた②挙兵は西郷側近の独断で、そうであればこの際、鹿児島の病根を一掃できると考えた――と見る向きもある。だが、筆者はそうとは思えない（後述）。

西郷は起った。2月15日に進発した1万3000の薩軍は北上し、2月22日、熊本鎮台のある熊本城を包囲した。陸軍大将の西郷隆盛、同少将・篠原国幹《くにもと》、同少将・桐野利秋――いずれも正式の軍装に身を固め、大軍勢の威容で無血開城を迫る。この時点では西郷以下、まだ官位を剥奪されておらず、歴《れっき》とした官軍の将官であった。しかも西郷は当時、日本で唯一の大将であるから熊本鎮台は配下である。薩軍は熊本城の攻略を簡単に考えていた。そもそも4年前、下野する前に近衛兵の将だった桐野は熊本鎮台に初代長官として赴任したことがある。

「勝手はわかっておる」。鎮台側は徴兵令による農民出身の兵が約3000。薩軍の5分の1だ。「農民兵ンごとき、この青竹1本で十分」と、幕末の〝人斬り半次郎〟こと、桐野はかねて豪語していた。

対する鎮台側。長官の谷干城(土佐出身)、参謀長の樺山資紀(薩摩出身、のち海軍大臣)は討幕運動のときから西郷を敬慕しており、西郷も鎮台の降伏を期待していた。

ところが、あにはからんや鎮台側の返答は籠城による徹底抗戦であった。ついに熊本城攻防の火ぶたが切って落とされた。

谷干城

実は、これに先立つ19日、天皇は「鹿児島県暴徒征討の詔《みことのり》」を発し(征討令)、山県参軍以下の征討軍が組織され、直ちに熊本城に向う。それを当時、最新式の電信で知っていた鎮台側が屈するわけがなかったのである。

乃木少佐、軍旗を失う

一方、熊本城での砲撃戦が始まった同じ日、北方10kmの植木町では小倉第14連隊長、28歳の陸軍少佐乃木希典《のぎまれすけ》が熊本鎮台救援のため、小倉から南下していた。前日来の強行軍で兵士は疲労している。そこで乃木はわずかの手勢をつれて偵察に出たところを薩軍に包囲された。乱戦となる。連隊のシンボルである旭日旗は何としても護らなければならない。乃木は部下に「連隊旗を身につけて逃げよ」と命じた。ところがその部下は薩兵の手にかかり、胴体に巻きつけていた連隊旗が見つかって奪われた。

のちに軍神とうたわれた乃木にとって、軍旗を「賊軍」に奪われたことは、この上ない大失態だったらしく、このことは乃木の人生に終生、ついて回る。35年後、明治天皇が亡くなった際、御大葬の当夜に乃木は殉じて自刃し、国民を驚かせた。乃木自らの手になる遺言書が公表されたが第10条からなる遺言書の第1条に「明治十年役に於いて軍旗を失い、その後、死処《しどころ》を得たく心掛《こころがけ》候も、その機を得ず…」と書く。よほどの痛恨事であったのだろう。

この殉死は「乃木大将夫妻」殉死のニュースとなって流れた。遺言の文面で見る限り、妻の静子の老境を気遣い、知人に後事を託していることが判るから、静子夫人は夫のあとを追ったのである。明治も末頃になると「殉死」という言葉そのものが死語に近くなっていた。そのため乃木（夫妻）の行為は古武士的精神主義者として多くの関心を呼んだ。夏目漱石は小説『こころ』の中で乃木の殉死を取上げ、登場人物に語らせる。「乃木さんはこの三十余年の間、死のう死のうと思って機会を待っていたらしいのです。私はこういう人にとって、生きていた三十五年が苦しいのか、また刀を腹に突き立てた

官軍軍旗

一刹那が苦しいのか、どちらが苦しいのだろうか、と考えました」。

「生きる苦しみか、死ぬ苦しみか」——近代的自我の相剋《そうこく》というテーマがこの時に乃木の殉死によって日本人に突きつけられた、と言えるのかも知れない。

話をもとに戻す。熊本城の攻防は2月23日、そして24日になっても結着を見ない。一気にもみつぶす、はずだった薩軍に焦りが見え出した。軍議が開かれた。

「徒《いたずら》に熊本に留まるのはまずい。東京は遠い。早く主力を北上させて、増大する政府の援軍を遮り、筑・豊・肥を攻略、長崎と小倉を押さえ、九州全域を制圧すべきである」と西郷小兵衛（隆盛の弟）と野村忍助が積極拡大論を主張したが、賛否両論が続出。当面は長囲策という消極案に変更した。隣室で見守っていた西郷も、報告を受けると特段、意見

薩軍軍旗

を言うでもなく承認した、という。一般に西郷は、この西南戦争全般を通して戦場の指揮をとったことがなかった、といわれる。ある時など、激論がエスカレートして結論を仰ごうと、幹部が隣室の西郷の前に行ったところ、西郷は居眠りをしていて、幹部は唖然《あぜん》とした、と伝わる。かつては敵も味方も畏敬した稀代の軍略家としての西郷のおもかげは、すっかり影をひそめていたようだ。なぜなのだろうか（後述）。

熊本城の長囲策　薩軍最大の誤算

薩軍が熊本城に拘泥せず、攻撃力を分散して九州各地に進出しておれば、山県が恐れた如く、政府軍が薩軍をピンポイントで叩くのは難しく、やがて反政府の焔は全国から立上っただろう。山県は三つの事態を予測していた、と言われる。①薩軍は船舶をもって東京か大阪に突入②長崎と熊本を押さえて九州を制覇し、中央へ③鹿児島に割拠して全国の動静をうかがう――。

薩軍はいずれもとらなかった。

それを見越して政府軍の動きは迅速で、征討令の発令で編成された第一、第二旅団が神戸を発ち、22日には博多に到着。翌日、早くも南下を開始。薩軍は次第に「攻め」から「守り」に追い込まれて行く。

もっとも薩軍側に当初から綿密な作戦計画があったわけではなく、初め薩軍に合流した熊本の士族（後述）が熊本城の攻城戦略を尋ねたところ、部隊長、別府晋介は「わが行路をさえぎらば、ただ一蹴して過ぎんのみ。別に方略なし」と答えて平然としていたという。桐野利秋と、どっこいどっこいの認識だ。この桐野、周囲に挙兵の目的について「政府を倒すのが目的にあらず。軍事演習なり」と語ったという（山口茂『知られざる西南戦争』）。耳を疑うような話だが、西郷とて、それほど「深刻な覚悟」を決めて出

発したわけではないようで、鹿児島県令の大山綱良に「2月下旬か3月上旬までには大阪に達すべく」と言い残している。

これら薩軍幹部の、どこか軽口めいた言葉はどこから来たのか。絶対的自信か？　そもそも戦闘を予想していなかった？

「西郷軍は勝つための戦争をする上では最悪の作戦をとった」（徳富蘇峰『近世日本国民史』）。いずれにせよ、西南戦争の意外な側面が透けて見えるのである。

熊本城の攻防戦は長期戦に入った。加藤清正の築いた熊本城は攻めるに難、守るに堅の天下の名城で、熊本鎮台の将兵は以後、政府軍の救援の手が届くまでおよそ50日、籠城戦で薩軍の執拗な攻撃に耐えた。

だが、籠城戦の常として、恐るべきは糧食の欠乏である。「城中4000。糧食、日に尽き、援兵は来ず。薄粥《うすかゆ》をなめ、むく犬を殺して食ったが、それも無くなり、軍馬を煮て食う」（川口武定『従西日記』）。ひたすら耐えた。そして4月14日、薩軍の撤退と共に政府軍が城内に入った。死傷者773名を数えた。

第三章　諸隊、呼応。保守層から民権派まで

熊本城の城攻めの頃から、薩軍の蹶起を好機とばかり、九州各地から武装した集団が熊本に駆けつけ始める。これを党薩《とうさつ》諸隊という。その勢力は日々膨らみ、ついには1万5000を数えるに至る。わずか1か月余で、反政府の武装勢力が倍増して3万近くに膨らむのである。

彼ら諸隊は、出身地は当然だが、主義主張も、部隊構成も相当に異なっており、いわゆる単なる「不平士族」の集合体ではなかった。（例えば日向《ひゅうが》諸隊は半数が農兵であった）。特に主義主張の点では「西洋化反対」に固執する保守層から、同じ士族出身ながら米英留学組で、ルソーの『民約論』を聖典のように崇《あが》める開明派まで、それこそ呉越同舟の観があったが、いずれもが西郷という巨大な磁場に吸い寄せられたのである。彼らは西郷に何を「期

待」したのか。

だが西郷は、そのことを知ってか知らずか、己れの影響力を積極的に行使することもなく、前にも少し触れたように、戦場では演説はおろか、人前に出ることもなく、作戦にもほとんど関わらなかった。このような〝反乱〟の将が、過去、いたであろうか？

さらに繰返すが、反旗の「名分」が不明だ。それでも西郷を〝信じて〟、武器を手にした人々が続々と集まる。しかも、多数が自由意志で。確信犯たる薩軍は別にして、そのような〝反徒〟の参加があった点に、西南戦争の特異性がある。

熊本隊——保守、復古の士族層

熊本城総攻撃の2日目、2月23日に熊本学校党の首領・池辺吉十郎が熊本隊を結成して薩軍に投じた。総勢1500、という、かなりまとまった兵力である。

西郷隆盛の顔写真（肖像画）はどれか（その1）

①大牟礼南塘筆。昨今、多くの書籍がこれを使う。

②イタリア人画家キヨソネ筆の肖像画。最もポピュラーなもの。

③服部英龍が描いたスケッチ

④ご存知、東京・上野公園の銅像

西郷の写真嫌いは有名だ。純粋に「嫌い」というよりも幕末動乱～維新期のテロを避けるためではなかったか。西郷は意外と細心緻密な男であった。若い明治天皇が西郷を慕い、写真を所望したが、それも断ったという。

肖像画なら何枚かある。①は大牟礼南塘筆の作品で、昨今、書籍でよく使われる。但し昭和2年の製作で時代が下る。②は教科書でもおなじみのキヨソネ筆の画。明治16年の製作だが、キヨソネ自身、隆盛に一度も会ったことはなく、隆盛の弟の西郷従道らをモデルにして描かれた。生前の西郷を直接スケッチできたのはただ1人、薩摩の絵師、服部英龍の作品で③。明治初期、湯治に来た西郷に可愛がられ、スケッチした由。西郷と親交のあった英人アーネスト・サトーの日記にある「(西郷は)小さいが炯々《けいけい》とした黒い目玉」という表現に似る。④は東京・上野公園の西郷像（高村光雲作）。明治31年、像の除幕式に招かれた西郷の夫人、糸子は「うちの人は、こげん顔じゃなか」と口走ったという…。

西郷隆盛の顔写真（肖像画）はどれか（その2）

本当はこれか?!

最近、秋田・角館で見つかった明治の元勲の写真。状況証拠から西郷と言われるが…。

秋田県角館《かくのだて》市の旧家から平成初年ごろ、古いブロマイドが数十枚見つかった。伊藤博文公、大隈重信公など明治の元勲の名前が裏書きされており、これらは明治の初めに流行したお土産写真らしい。その中に1枚、裏の名前が削り取られた写真があった。大礼服姿のこの人物、おそらく明治政府の元勲らしいが、見たこともない顔だ（写真）。一体誰なのか？写真を見つけたT氏は、あることに気付いた。明治の初め、米人フルベッキ博士を囲んだ有名な記念写真がある。佐賀藩の若者たちを中心に西郷、大久保、勝海舟などが揃って写っている、とされる。そのうちの「西郷」と指される人物と新発見の大礼服の男が良く似ている。T氏はマスコミを介して警視庁の科学警察研究所に鑑定を依頼したところ、2枚の写真の人物は「同一人物らしい」と出た。

その決め手は両者の耳の形。耳朶《みみたぶ》が「垂れず」に顔に鋭角的にくっついた「密着型」の耳で、日本人では10％台と少ない。実は西郷の耳は「密着型だった」という内容の他者の観察記録もあり、28頁の写真③の英龍の写生も「密着型」である。そうすると——！　だが、西郷の〝影武者〟を務めた永山弥一郎説もある。

幕末、東北地方が戦火に巻込まれた戊辰《ぼしん》戦争で勝者の将だった西郷は寛大な態度で臨む。東北人、特に庄内藩は西郷を慕ったが、西南戦争では西郷が国賊に。写真の所有者は後難を恐れて西郷の氏名を削ったのか？　史実は闇だ。

彼らは西洋化の風潮や不平等条約、樺太千島交換条約などに不満を持ち、その原因は天皇周辺の「権臣」にあるとして大久保らを指弾。西郷の蹶起を「天下の大機会」であるとして馳せ参じた。挙兵の名分は「君側の奸を除く」とし、そのために「禁闕《きんけつ》（朝廷）を護《まも》る」ことを掲げた。

これより少し前、池辺は村田新八に会い、村田が「西郷をして首相の地位を得せしむ」と語ったことに感得したという。

熊本南部の人吉でも士族の議論が沸騰。3月4日、薩軍に参じるため、人吉1番隊136名が熊本に出立。続いて2番隊、3番隊も立った。人吉は鹿児島に近く、後に6月12日、敗色濃厚で官軍の別働第二旅団に制圧されるまで薩軍の楯となった所だ。

この他、熊本藩の馬術師範だった中津大四郎が龍口隊40余名を率いて合流。まだある。総じて熊本県からの参戦は、ことのほか多く、次に述べるが協同隊も入れると約3000名とみられる。その理由に、幕末期の熊本藩の姿勢を指摘する声がある。熊本藩は積極的に官軍側につかず、日和見的態度に終始した。そのために維新後、新政府に用いられることが少なかった。その挽回のために西郷軍に進んで与《くみ》したのだ…と。

協同隊——ルソーを信奉する民権派

薩軍に合流した党薩諸隊のもろもろにあって、協同隊は際立って異彩を放つ存在であった。協同隊は熊本に数ある士族結社のひとつ、民権党を中核としたが、その民権党は、ルソーの『民約論』を聖典とし、民権の啓蒙確立を目指す政治結社であったと言えば、協同隊のイメージがつかめよう。この点、熊本隊の池辺吉十郎は「民権の主張は国家の弊害」と断罪していることから双方、厳しい対立関係にあった。

協同隊の挙兵の檄文は、新政府を痛烈に批判したあと「同心協力、断然暴政を覆えし、全国人民と共に真成の幸福を保たん」（傍点、筆者）と述べ、協同隊の名のいわれも示す。隊長に平川惟一、参謀に宮崎八郎を選び、総勢400で2月21日、薩軍に投じた。

平川（元細川藩士）や宮崎（郷士）は明治8年（1875）4月、県費の補助を受け、熊本城北の植木町（現・熊本市植木町）に植木学校（変則中学校）を設立。念願の自由民権運動を開始した。この際、この植木学校をぜひ紹介しておきたい。講師（教師）7人は元細川藩士や郷士など（平川、宮崎など）。入学は元藩士、郷士、百姓、町人などの有志で年齢制限もなし。教科書はさまざまで、万国公法、日本外史、十八史略、福沢諭吉の著書などから、モンテスキュー、ミルなどにも及び、特にルソーの『民約論』は聖典扱いであった。出欠もいたって自由。教師による授業というよりも、互いの講義、討論といったふうで、時に玉名、菊池、阿蘇など近隣に出かけ、盛んに自由民権思想を宣伝して回ったから民権党と呼ばれる。

この植木学校の反政府的言動は激越で、軍事教練めいたことまで始めたから、ついには学校の閉鎖命令が出て半年後、廃校のやむなきに至ったのである。しかし、学校がなくなっても民権党の運動は活発で、例えば地租改正費などの不正使用を質す「戸長《とちょう》征伐」に尽力。農民層など地元から相当の支持を得ていた。

そんな折り、薩軍到来の報を得たのである。薩軍への合流を熱心に説く宮崎八郎に植木学校の同僚だった松山守善が問うた。「君は西郷、西郷と常にいうが、西郷は帝国武断主義にて、お互いの主義主張とは相容れざるが、君はいかに思うや」。西郷は明治6年の政変で下野するに際し、同僚の参議だった板垣退助が「今後は自由民権運動を共にやろう」と持ちかけたのに対して「自由におやりなさい」と断った経緯がある。

宮崎は松山に答えた。「実に然り。然れども西郷に拠らざれば政府を打倒するの道なく、まず西郷の力を借《か》って政府を壊崩《かいほう》し、しかる上、第二に西郷と主義の戦争をなすの外なし」(『松山守善自叙伝』)。実に冷静な言葉である。西郷に賭けた可能性を十分計算した上であった。

宮崎八郎は、あの孫文の中国革命を援助した寅蔵＝滔天《とうてん》の20歳うえの長兄である。

宮崎、大分、福岡からも諸隊参戦

佐土原隊――米国留学の島津啓次郎たつ

当時、宮崎県は鹿児島県に併合されていて、宮崎支庁は薩軍に協力的で、支庁自ら各藩に参戦を呼びかけた。このため、延岡隊、高鍋隊、福島隊、佐土原隊、飫肥《おび》隊、都城隊が陸続と名乗り出たが、その半数が農兵で占められ、彼らの要求と期待がどの辺にあるのか、を物語っていた。

まっ先に参戦したのは佐土原《さどわら》隊で2月9日、旧佐土原藩主の三男、島津啓次郎が率いる一番隊90名が出立した。啓次郎は6年半の米国留学で、アナポリス海軍兵学校を退校して帰国。維新政府とは言え、薩長主体の旧態に不満を募らせ、米国流の平等・自由の社会建設めざし、学習塾を開こうとした矢先に薩軍起つ、の報に接したのだった。佐土原隊は最終的には兵1300に膨らむ。

飫肥《おび》隊――「西郷と共に政府を改造せん」

小倉処平《しょへい》が主幹である。小倉は旧藩時代に藩校で教鞭をとり、維新政府では文部権大丞《ごんだいじょう》を務め米英に留学。明治7年に帰郷していたところ、佐賀の乱が起き、鹿児島に来た江藤新平をかくまって下獄。その後、許されて大蔵省に復帰していたときに薩軍蹶起を知り、直ちに帰郷を決意。その際、伊藤博文に書簡を送り、薩長の藩閥政治を批判、「私の志は西郷隆盛と共に政府を改造することだ」と述べたという。2月17日以降、飫肥隊は1300名が出軍した。

小倉は優秀な役人で、英国の租税や地方制度の訳書もある一方、後輩の面倒見もよく、小村寿太郎（後の外相）を東京に留学させたりもした。ハーバード大学を卒業して帰国した小村は小倉の遺児の扶養に尽くす。後に、小村は「小倉が生きていたら大隈重信のような存在になっただろう」と回想した。

中津隊——「西郷先生への親愛に死す」

3月31日夜、大分県で中津隊が蹶起。増田宋太郎の率いる250名は中津支庁や警察署を襲い、熊本の薩軍に合流した。

増田は同郷の福沢諭吉と「従兄弟《またいとこ》」の関係にあったが、福沢の欧化思想に強く反発して、一時、暗殺さえ考えた。やがて民権運動に挺身する。挙兵に際し「政府は外国にへつらって国権を堕し、国内にあっては民権を剥奪。あまつさえ、維新の英傑を葬らん、としたことは大逆非道」と中津隊の檄文は言う。ロシア・イギリスの脅威も危機感をもって強調された。増田は再三、鹿児島に行き、桐野利秋と面会。挙兵を約したようだ。

後日談になる。増田は西郷に深く傾倒、最後の城山決戦まで西郷と行動を共にする。その城山でのこと、官軍の総攻撃は時間の問題だ。

増田は同郷の兵に言った。「君らは生きて故郷に帰り、わが隊の思いを伝えよ」と。それを聞きとがめた周りの者が（増田に）「そなたはなぜ一緒に帰らないのか」と問うた。増田は、いきどおり、嘆いて言った。

「われ、ここに来り、始《ママ》めて親しく西郷先生に接することを得たり。一日先生に接すれば一日の愛《あい》生ず。三日先生に接すれば三日の愛生ず。親愛《しんあい》日に加わり、去るべくもあらず。今は善も悪も死生を共にせんのみ」と（以上、原文ママ）。周りの者はその志に感動し、相共に泫然《げんぜん》（さめざめと泣くさま）、時を過した。

以上の有名なエピソードは『西郷南洲遺訓』「逸話」にある通りである。一体に、西郷の信奉者は理屈ぬきに心酔する人士が少なくなく、増田もその一典型である。人物的、人格的魅力が西郷の存在を大きく見せたことは事実であった。

福岡の変——蹶起に失敗、殲滅《せんめつ》さる

佐賀の乱、秋月の乱…士族の反乱に共感を抱く福岡士族は少なくなかったが、西郷との盟約で蹶起を控えて来た。だが、ついにその時は来た。3月27日、武部小四郎、越知《おち》彦四郎らは福岡城内にある熊本鎮台福岡分営と福岡県庁を襲撃するが、事前に察知していた官憲に、たちまち捕縛される。なぜこうも簡単に惨敗したのか。理由はいくつかある。まず、参加した士族が極端に少なかったこと。当初、800名ほどを見込んでいたが、実際には200名足らず。これでは働けない。もうひとつ。博多湾には官軍が続々と到着、軍艦が港を埋めて官憲がいつも以上に警戒の目を光らせていた。

西郷、起つ（2月15日）の一報のあと、19日には征討の詔が発せられ、22日には野津鎮雄、三好重臣の両少将が率いる第一、第二旅団が博多湾に入港。以後、増援部隊が続くのである。そのさ中の挙兵であった。

結局、10日足らずの間に敗残兵も捕われ、武部、越知など指導者5名が斬刑、懲役418名の断罪が下された。これを福岡の変と言う。

一方、こんなこともあった。特別すべき〝歴史的出来事〟と言えようか。福岡士族のなかには武部、越知らの挙兵に呼応せんとする他のグループもいた。箱田六輔をリーダーとする一団である。彼らは萩の乱の前原一誠と連絡をとっていた。そのことを察知した官憲は箱田をはじめ、頭山満、進藤喜平太、奈良原至《いたる》らを捕え、山口監獄に収容した。いわゆる予防拘禁である。彼らは後の玄洋社の中心メンバーで、反政府の危険人物と見なされ、西南戦争が終息するまで、ずっと獄中に留め置かれた。何が〝幸い〟するか、わからない。箱田、頭山…彼らの政治生命が温存された。

明治14年になって玄洋社の創立。超国家主義団体として、先の太平洋戦争が終るまで、右翼や政界に隠然たる力を持ったことは良く知られるところだが、福岡の変がなかったならば、玄洋社は生まれなかったかもしれない。

以上、あれこれ見て来たように、「西郷、起つ」に呼応して各地から参集した諸隊の、西郷に期待する思いは決して一枚岩ではなかった。唯一、反政府（＝政府打倒）のスローガンで一致したのである。

史家は西南戦争を見渡して「近代日本最大の、そして日本史上最後の内戦」と評する。「最大」、「最後」の言葉が気になる。表現としては、その通りなのであろうが、そう言ってみたところで、戦いの実相がわかるわけではなかろう。

いったい、どれくらいの軍兵が、この戦争に参加したのか。実は正確なところは、わからないのだ。薩軍も官軍もわからない。

まず、薩軍。出発時の薩軍は一般に1万3000と言われる。本隊が5大隊（50小隊）、夫卒《ふそつ》（足軽クラス）まで入れて1万2000である。これに荷駄（輸送役）、大砲12門の人員などが付いて総計1万3700と見られ、（島津家の家従、市木四郎の記録）、今日多くの史家がこの数字を引用する。

だが実際は、こんなものではなかったようだ。出発時の薩軍の総人員は1万6000、それが、西南戦争の天王山となった田原坂の戦いでは実に2万3000に膨らんだ、という報告（後述）（山口茂『知られざる西南戦争』）がある。その論拠は――。

まず、薩軍が5大隊編制で発つと、透《す》かさず近郷から6番隊、7番隊が編成され、後を追った。その数、約2000。これで都合、1万6000である。

その後――。本誌で見て来たように、熊本や宮崎から諸隊が続々と合流した。これに加えて鹿児島では、もと熊本鎮台鹿児島分営であった貴島清が起ち、広く兵を募り、２０００ほどが3月の田原坂戦に合流したから、薩軍はこの時点で2万３０００を数えた。

以上の数字を本で世に出した山口茂氏は、県史や市町村史（誌）等を綿密に調べ、従軍者名や戦死者名をカウントして結論を得た、と言うから、データの信憑性は高い。さらに薩軍は3月末、人吉で第9、第10大隊を編成しているから山口氏は薩軍は最高3万に達したとみる。

さて、一方の官軍である。2月19日、征討令。征討総督は有栖川宮（42）で、かつて、戊辰《ぼしん》戦争のとき東征大総督となった人物。陸軍卿中将・山県有朋（長州、39）が陸軍の参軍（司令官）に、海軍大輔中将・川村純義（薩摩、41）が海軍の参軍に任じられた。

2月25日、政府は西郷、桐野、篠原の官位を剥奪、この時点から薩軍は賊軍となった。

2月22日、官軍は早くも第一旅団、第二旅団が博多港に入港。この日、薩軍による熊本城包囲戦が始まった。旅団は引続き第三、第四と増援。南下して薩軍を攻撃する。一方、これらとは別に南方から薩軍を攻める目的で別働旅団も編成され、その数、5旅団。それに熊本鎮台の兵もいる。

『戦記稿』の旅団編成表によると、上記の旅団の兵員は合計4万5819とあり、註によれば「純然たる戦闘員のみ」とあるから、総動員数はそれをはるかに上回っただろう。なお『戦記稿』附録、『明治史要』附表ではいずれも総動員数6万0838人となっているから、こちらが妥当であろう。

これで薩軍、官軍双方の陣容がうかがえた。前者3万、後者6万――計9万の軍勢が延々7カ月余にわたって死闘を交えたのである。戦場は熊本、宮崎、大分に及び鹿児島でピリオドを打ったのだった。

第四章　熾烈《しれつ》、壮烈《そうれつ》〜田原坂の攻防

これは、多分に結果論で言えることだが、「戦いには勝機がある」。薩軍から見て、西南戦争の勝機はいつであったか。官軍から見て、どこであったか。もちろん、戦略上の勝機と戦術上のそれは区別してかかる必要がある。

熊本城（熊本鎮台）を「一気にもみつぶす」はずだった薩軍にとって、これは明らかにボタンのかけちがいだった。だが、これには西郷の意向が働いたようだ。薩軍の兵力（2万余）からして、熊本鎮台（約4000）を総力で攻め落すのは困難ではないが、西郷は「無理をして兵の犠牲者を増やすな」と言ったと伝わる。

既に述べたように熊本城の攻防は長期戦に入る。一方、政府の主力軍が南下する。薩軍は北に一歩出て官軍を迎え討たざるを得ない。戦線は拡大した。

2月25日、第一、第二旅団が南関に到る。南関は大牟田市の東郊、現在、九州自動車道の南関インターがある辺りである。ここから熊本城までは南東に直線距離でわずかに30kmほどだが、その中間地点に、かの加藤清正が城北の守りと重視した天然の要塞、田原坂《たばるざか》(現・熊本市植木町)がある。

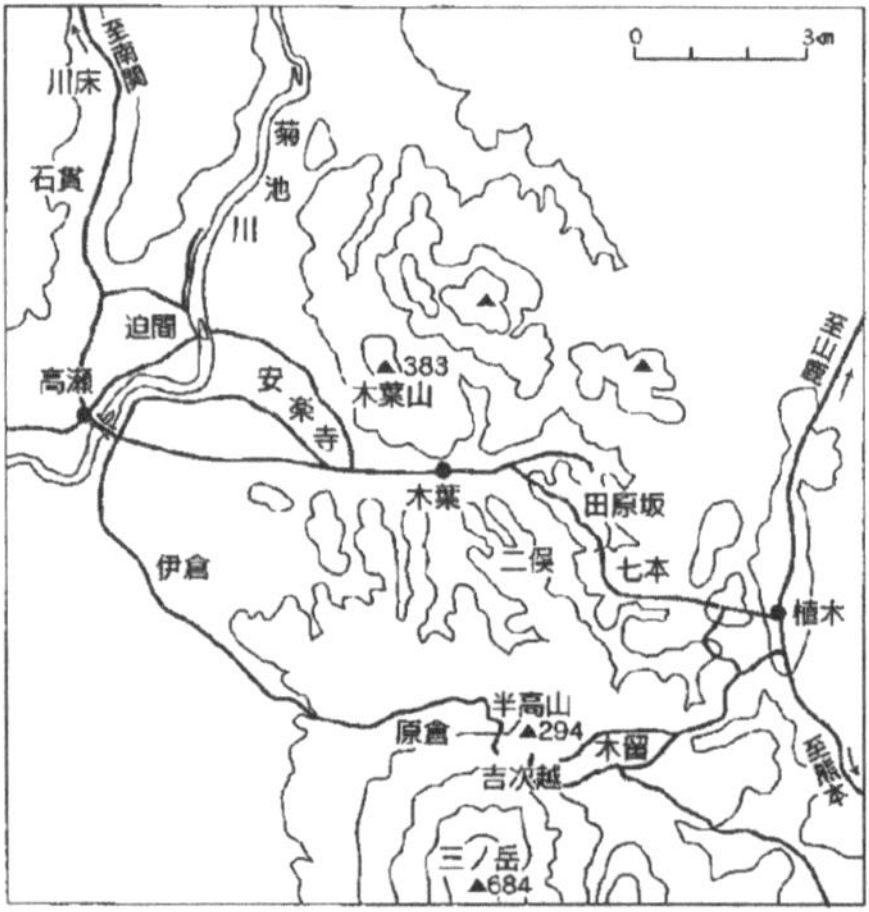

出所：小川原正道『西南戦争』中公新書より
田原坂は、わずか1700mほどの坂道だが、阿蘇火山灰の土壌が浸食された険しい地形で、ここの争奪が西南戦争の天王山となった。

現在、国道3号が南関—山鹿—植木—熊本と結ぶが、明治10年の当時はそのような道路は出来ておらず、南関から熊本に到るには以下の2コースしかなかった。すなわち ①南に高瀬（現・玉名市）を経て菊池川を渡り、東進して木葉経由で田原坂を登り、植木に到るメインルート②高瀬から、さらに南下して狭い間道の吉次越《きちじごえ》を抜けて植木へ――の2コース（図参照）で、いずれも難路であり、砲隊が通過できる唯一の道が田原坂コースなのであった。

前哨戦が高瀬となる。ここで2月25日から27日にかけて両軍が激突。薩軍は３０００、官軍は第一、第二旅団、それに第十四連隊の1万４０００が交戦。薩軍はいったん退く。この時、西郷小兵衛が銃火に倒れた。血気はやる薩軍にあって、良識派の惜しい人物であった。官軍でも乃木少佐、第二旅団を率いる三好少将が銃創を負った。

この25日、前にも触れたが、西郷、桐野、篠原の官位が剥奪されて薩軍は賊徒集団となった。大久保は再び、ほくそ笑んだか。

主戦場が田原坂に移る

世に言う「田原坂の戦い」は3月4日から同20日まで、17昼夜の戦闘である。まさしく、この戦いが西南戦争の天王山となった。

田原坂で敗れた薩軍は以後、各地に転戦。勢力挽回に努めるのだが、近代装備に優る政府軍の前に次第に追い詰められ衰微の道をたどり、6カ月後、遂に郷里の城山で西郷以下、文字通り玉砕して果てるのである。

戦場となった田原坂は阿蘇山を東にのぞむ肥後台地が西へ、玉名平野に突出した先端部にある。比高差60～70mほどで、現地に立てば、さほどの険地とは思えないが、阿蘇凝灰岩の上に火山灰が厚く積もった土壌は、永年の雨水によって深く浸食され、複雑な谷や崖を形成している。平地の玉名（高瀬）方面から向うと、道は一の坂、二の坂、三の坂と辿って上り、現在の田原坂公園（田原坂資料館がある）に到る。わずか1700mほどの登り道だが、曲りくねって勾配が急で、明治の頃は深い樹林におおわれ、昼なお暗かったと言われる。舗装のなかった往時は、それこそ深く抉《えぐ》れたデコボコ道で、歩くだけでも足もとを気にして、さぞや難儀したことだろう。

薩軍は郷里のシラス台地で田原坂に似た泥土を体験している。この〝地の利〟を活かし、土塁を築き、横穴を通じ、迫る官軍を狙い撃った。

薩軍は、この地（田原坂）を確保しておくことに全力を傾注したようだ。なぜなら、そばの植木の戦略的重要性を認識していたから。植木は昔から四通八達の地である。南は向坂を経て熊本へ3里（12km）、北は味取を抜けて山鹿へ4里、西は田原坂を越えて玉名へ5里、東は鳥栖を通って4里に隈府《わいふ》（昭和になって菊池市に）がある。

従って薩軍は兵力を次のように分散配置して事に構えたという。

「総員のうちのおよそ二千人を背後からの敵（つまり、南から北上して来る政府の別働旅団）に備え、八百人で熊本城を包囲し、それ以外はすべて正面に向っていた。しかも、私学校党の精鋭をこの田原坂に集めて、全力をつくして守り抜こうとしているのである。従って、西南戦争全体を通じて、もっとも多数の死傷者を出したのが、この田原坂だった」（編纂＝旧参謀本部『維新・西南戦争』)。

激闘17昼夜の末、勝利を手にした官軍は山県有朋司令官がこの地を巡視して次のように語ったという。

「自分はいままで、こんな坂道一つのために数千の兵を抑えられ、十日あまりも攻めて抜くことができないということが信じられなかったが、いま、この坂を自分で見て、はじめてこれがまったく攻めがたい要害であることがわかり、数多くの勇士が国のために血を流したことに感涙を催す」(『維新・西南戦争』)。

勝利の涙ゆえ、多少割引いてとるとしても、宜《むべ》なるかな、の激戦~攻防であった。

昼となく夜となく、銃で、抜刀で混戦

3月4日。官軍は田原坂の総攻撃を開始。第一、第二旅団の約1万が坂を登り始める。双方の激しい砲撃音は13km離れた熊本城にも届いた、という。

●西南戦争● 薩軍、政府軍の進路図（明治10年2月〜9月）

西南戦争の戦闘がいかに激しかったか。戦死者でみると（データに若干の差があるが）政府軍が 6843 名、薩軍が 6765 名で計 1 万 3608 名。因《ちなみ》に維新戦争の鳥羽・伏見から函館に至る 1 年 4 ヵ月間の戦死者は官軍 3556 名、幕府・諸藩 4707 名（うち会津の妻娘 94 名）の計 8263 名。西南戦争から 17 年後の日清戦争の戦死者は日本陸軍 12 万のうち 5417 名であった。政府軍の出身地は東京、大阪、名古屋、広島と多方面で、多くは徴兵であった。

※カバー裏面にも「薩軍、政府軍の進路図」を掲載しています。

この日以降、激戦は夜となく昼となく一進一退の攻防戦となる。

一方、南5km の吉次越（図参照）に向った官軍の支軍は4日昼、外套をひるがえし銀装刀を振るって陣頭指揮をとっていた勇ましい将官を狙撃、一発で倒した。この男は薩軍の一番大隊長、篠原国幹であった。

火力に優る官軍は猛射を繰返す。薩軍は応射しつつ、夜になると抜刀隊が闇にまぎれて切込む。官軍の中には西郷隆盛と薩摩隼人に対する畏敬と恐怖の念が存在していた。金沢の第七連隊も参戦し、伍長、津田三蔵が書簡でそう記している。津田は、後に大津事件の犯人となる人物で、この歳22歳であった。

3月13日。薩軍の白刃攻撃に苦しんで、官軍でも抜刀隊を編成した。主力は鹿児島の郷士《ごうし》出身の巡査たち。郷士とは最底辺の武士層で、農村に住むいわゆるイモ侍のこと。彼らは巡査として採用され、東京（警視庁）に勤務していたが、西南戦争で動員されて熊本に来た。

一方、薩軍の方にもイモ侍が多数いた。その辺の事情を知る第一旅団の会計部長、川口武定（薩摩出身）は嘆く。「互いに接近し、その声を聞けば皆、知友あるいは親族なり。そもそも亦《また》何の敵ぞや」（前掲者）。

塹壕《ざんごう》は接近し、20間（約30ｍ）ばかり。

官軍「こら、国賊。早う降参しろ。芋ばかり食わんで、こっちで白いメシでも食ったらどうだ」

薩軍「ぬかすな、奸《かん》賊。大久保に欺されおって。白いニギリ飯なら、ホラ、食え」と投げる。束の間、そのような〝舌戦〟もあった由（植木学『西南戦争　田原坂戦記』）。

政府側も兵員の確保は容易ではなかった。当時の徴兵制では、国民の反発もあって政府も苦慮し、免役適用者が多かった。そこで、「即戦力の士族」

官軍兵士

を採用し、警視隊として仕立て、苦肉の策として西南戦争に投入した。この警視隊に、旧会津藩出身者が多数いたことはよく知られるところである。

会津と薩摩の確執は幕末史を彩る黒い陰である。両者はいったん政治同盟を結びながら、やがて薩摩は長州と手を握り、戊辰戦争では会津は「朝敵」となり、「官軍」の薩長に討たれた。降服した会津は、取り潰しこそ許されたものの、下北半島の不毛の原野、斗南《となみ》に藩ごと移封され（会津藩23万石から斗南藩3万石へ）、会津人は極寒と飢餓に耐えた。

田原坂の戦況を報じる『郵便報知新聞』は従軍記者、犬養毅《いぬかいつよし》（のちの首相）の記事として、警視隊の「故会津藩某」の藩兵13人斬りの奮闘を紹介し、その「某」が戦闘中、大声で「戊辰の復讐、戊辰の復讐」と叫んでいた、と伝える。官と賊、攻守を変えた歴史の皮肉であった。

劇烈、銃弾同士が衝突！

田原坂の激戦は続く。その様相は日露戦争の旅順二〇三高地の争奪戦に比せられようか。旅順要塞攻囲の第三軍司令官は乃木大将。若い頃の田原坂の攻防戦が脳裏に蘇ったに違いない。田原坂で官軍が放った銃弾は1日平均32万2000発、とある。これは、第二次旅順攻撃の1日平均30万発を上回る。官軍の弾薬消費量は薩軍の約10倍であった。

雨霰《あめあられ》と飛び交う銃弾が、空中で衝突して落ちた非常に珍しい遺品がある。現地、田原坂資料館に保存、展示されている。それは、いかに戦闘が激烈であったかを雄渾《ゆうこん》に物語る(写真参照)。

▼両軍使用の小銃

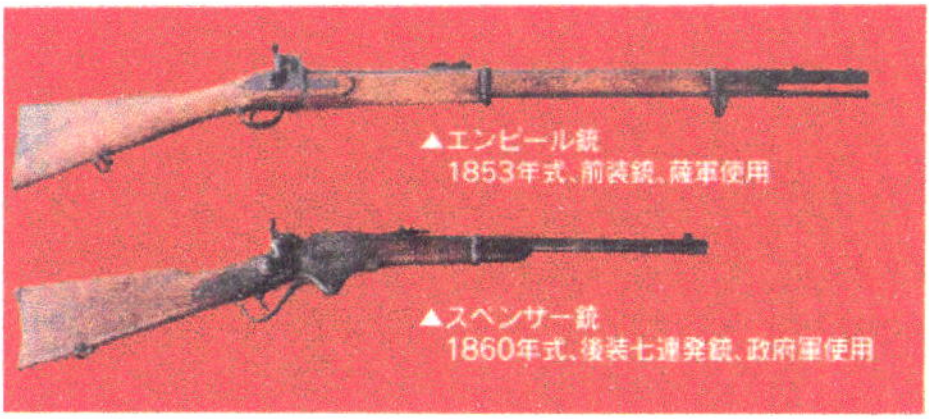

▼空中ガチンコ弾

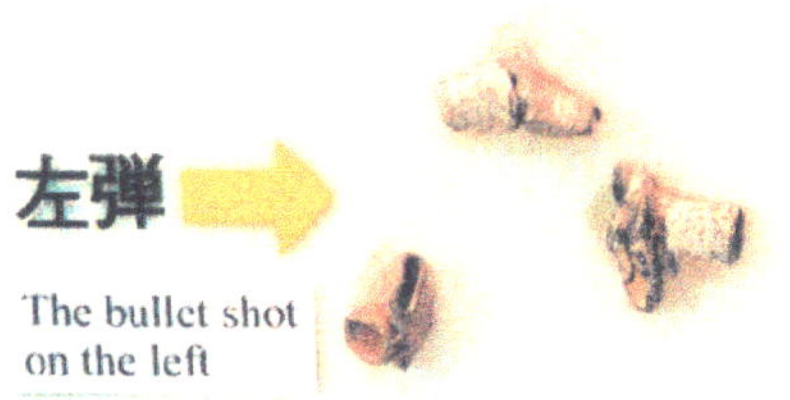

空中で攻守双方の銃弾が衝突して落ちた。ありそうもないことだが、田原坂周辺では土中から幾組も見つかっている。植木町の田原坂資料館蔵。

※カバー裏面にも「両軍使用の小銃・空中ガチンコ弾」を掲載しています。

物量に勝る官軍は、それでも弾薬と装備の追加の補給に執念をたぎらせる。少し時間が下るが、田原坂が官軍の手に落ちた頃の様子を『維新・西南戦争』（前掲書）は記す。官軍内の情報だ。

「四月十三日、吉報。（新式の）後装銃弾二百六十万発が二十日以内に、五百万発が七十日以内、一千万発が百日以内に、それぞれ中国大陸から長崎に着く。（中略）。」

「山県有朋は先に西郷従道中将（隆盛の弟）にも弾薬の準備を頼んだが、二十三日に返答。（それによると）後装銃弾は中国大陸から二百六十万発が二週間以内に、ヨーロッパから五百万発が七十日のうちに、ほかに大蔵省が買入れたものがヨーロッパから三百万発、百日で届く」――とある。

一部、重複があるようだが、官軍はこの時点でざっと二千五百万発の銃弾を確保。海外で日本政府がなりふりかまわず武器購入に走る姿が透けて見えるようだ（「後装銃弾」については後述する）。このように、巨額の戦費支出は結果としてインフレーションを引起し、日本資本主義の原始的蓄積を推し進める。そして日本は富国強兵の道を辿るのである。

話を戻す。火力に劣る薩軍は抜刀して再三、夜襲をしかける。しかし、次第に劣勢に追い込まれる。決定的なのは銃の違いであった。

薩軍のエンピール銃は旧式の先込め銃で、弾丸を一発ずつ、銃口から棒で押し込む方式。操作が面倒で手間がかかるうえ、雨に弱い。一方、官軍のスペンサー銃は新式の元《もと》込め銃で弾丸の装填が容易なうえ、しかも七連発銃であった。前に述べた、政府が大量に買入れた「後装銃弾」とは、このスペンサー銃の弾丸のことである。加えて官軍には直輸入の強力な野砲もあった。

大砲

薩軍、雨に泣く

火力の差も大きかったが、何よりも薩軍を痛めつけたのは、雨であった。郵便報知新聞の記事は「賊の軍中に聞く」として、次のようにある。賊とは薩軍のことである。

「我が軍は天下に恐るるものはなし。唯々《ただただ》、一に雨、二に赤帽、三に大砲(に)困ず」。赤帽とは近衛兵のことで、勇猛であった。かつて桐野利秋が近衛兵の将を務めた。

薩軍が「恐い」ものの筆頭にあげたのが「雨」。春先の冷たい雨は野戦の薩兵に堪《こた》えた。特に夜は身体が芯から凍えるのである。薩軍は一種の義勇軍であるから、弾薬や食糧は本営で用意したが、銃器など武具、衣服などは自前である。そのため兵士の服装は、めいめいばらばら、筒袖《つつそで》、股引《ももひき》、脚絆《きゃはん》という前時代の格好も珍しくなく、さすがに薩軍の将は旧陸軍の軍服姿で堂々としていたが、一般兵とのアンバランスはいささか笑いを誘った。

対するに官軍の兵は統一された制服で、しかも防水布で仕立ててあり、雨に強い。

おまけに、これは信じられないことだが、薩軍には当初から「補給」の観念が薄かった。原則、すべて現地調達である（これは先の太平洋戦争における旧日本軍の行動様式に通じ、ために大きな敗因となった）。薩軍は銃の弾丸ですら〝現地調達〟であった。薩軍は落ちた弾丸を農民に拾わせ、1個を2厘5毛で買上げ、それを鍋で溶かして鋳型に入れ、弾丸に仕立てた（鉛製だから、それが出来る）。そのため、弾拾いで命を落す農民が少なくなかった、と現地では伝わる。

薩軍兵士

第五章　民謡『田原坂』は語る

田原坂と言えば誰しもすぐ思い浮べるのが肥後民謡『田原坂』である。

一、雨は降る降る　人馬は濡れる
　越すに越されぬ　田原坂
二、右手に血刀　左手《ゆんで》に手綱《たづな》
　馬上豊かな　美少年

歌詞もメロディもいろいろあるのだが、この何とも哀調を帯びた単調な唄が広く歌い継がれるのは何故だろう。

筆者など、いわゆる西郷贔屓《びいき》（つまり、西南戦争の薩摩側に立って）の、庶民の心根にある「維新」批判ととるのだが、それは深読みに過ぎようか。

三、泣くな我が妻　勇めよ男の子

戦地に立つは　今なるぞ
四、山に屍《しかばね》　川に血流る
肥後の天地は　秋淋し
五、草を褥《しとね》に　夢やいずこ
明けのみ空に　日の御旗

岩波文庫『日本民謡集』では、この唄は明治37〜38年の日露戦争当時、九州日々新聞の記者、入江某が往時の田原坂の激戦を偲《しの》んで作詞し、熊本大和券番の芸妓・留吉が曲をつけて広まった——と言われる。

だが一方、もと植木町長の植木学は次のように紹介する（前掲書）。民謡『田原坂』には元唄《もと》があって、作詞者、岡本源次は熊本隊の戦士。田原坂で生きのびて、後に濟々黌《せいせいこう》中学校の舎監になり、明治21年頃、生徒を率いて田原坂に遠足した際、雨にあい、興を覚えて作詞に及んだ、という。初めは鹿児島の豪傑節にならって、自然に自由に歌っていたそうだ。

どうやら、この辺が歌の淵源らしいが、次第に民衆の口ずさみも加わって民謡になったと見られる。

「雨は降る降る」の17昼夜

明治10年の春から夏、九州は例年になく天候不順で、2月に薩軍は50年来の大雪を蹴って出立。3月、熊本は雨がちの日々に明け暮れる。田原坂では3月4日から17日間の死闘が幕を切る。

3月4日　夜来の細雨、のち豪雨と雷鳴
　5日　終日、雨と風
　6日　早朝雨、のち晴れ
　7日　朝霧もうもう、曇りのち晴れ
　8日　日中晴れ、夕方より雨
　9日　晴れたり曇ったり、春雨
　10日　午後、雨
　11日　冷雨、微雪混じり

12日　晴れ。明け方、霧
13日　雨、夕方やむ
14日　薄曇りで、雨また晴れ
15日　晴れ、深霧ばくばく
16日　晴れ
17日　晴れ
18日　晴れ
19日　夜半より大雨
20日　夜来の豪雨、のち小雨でやむ

後半の4日ほどは晴れたが、ほとんど雨と霧。雨は雪まじりで冷たく、吐く息は白い。路面はぬかるんで乾く間もなく、そこを銃弾が、早馬が、そして肉弾が激しく飛び交い、鮮血が宙を染める。

3月15日から4日間ほど連続して晴れたのは薩軍の兵にとって、何よりもありがたかった。前に触れたが、薩兵にとっては「唯々《ただただ》、雨に困ず」。官兵のように防水服ではなく、平服なので、氷雨は身に凍《し》みる。そこへ日光の恵みだ。身も心もほぐれる。「いったい、何日ぶりか！」。そこにスキが生じた。

3月19日。夜半より大雨。激しい雨音が四界を遮る。官軍はそれを利用して薩軍に迫る。20日。夜明け、小雨。官軍が、いっせい攻撃。薩陣営は七本《ななもと》の柿木台場《かきのきだいば》がまず落ちて、総崩れとなる。こうして田原坂の帰趨《きすう》は決したのだった。まるで桶狭間の戦いを見るようだ。だが、それは軍事上のこと。

他に記録しておきたいことがある。民謡『田原坂』に出て来る「馬上豊かな美少年」である。それらしき少年兵が参戦していて、その人数は少なくな

く、地元では今なお熱く語り伝える。

追悼　少年兵

戦場を駆ける少年兵の勇姿は、りりしくもどこか可憐で、目撃したそれぞれの人の胸に焼き付いたようだ。複数の人が短く記録、哀惜している。

東野孝之丞。戦死。東北・庄内の人で、わずか15歳であった。

高田露。23歳。高田は植木学校（前出）に学んだ協同隊士で武術に優る。この戦争の後、3年の刑に服し、自由民権運動に活躍、衆議院議員となる。

高田は小兵であったが、裾長の上衣をはねのけると、下には燃えるような緋縮緬《ひぢりめん》の上に白襷《しろだすき》、家伝の銘刀をふるって敵中に斬り込む勇姿で知られた。

だが、東野も高田も「馬上姿」になることはなかったから、あえて想像すると、まず、人吉藩士、三宅伝八郎か。当時20歳。田原坂の敗戦を、熊本二本木の薩軍本営に急報するため、血刀をひっ下げ、馬を駆って官軍の包囲を突破した、と伝えられる。

もう1人、薩軍の二番大隊の大隊長、村田新八の長男、村田岩熊か。当時18歳。非常な秀才で米国留学。帰朝後、直ちに西南戦争に従軍。才を惜しんだ上司が後方勤務(伝令)を命じたが、父の村田新八はそれを知ると息子に「いい若者が何事だ。ただちに第一線に出て戦え」と叱咤。岩熊は直ちに田原坂の激闘に身を投じた。

後日談がある。3月14日、晴れたり曇ったり。—少年兵の骸《むくろ》が収容され、ふところから英文まじりの手帳が見つかった。郵便報知新聞の記者、犬養毅(前出)は「一見せしに邦文と英文と取りまぜて認《したた》めたり。その姓名は知らねど、十八歳八カ月の少年書生。敵ながらも、かほどに英学も相応に出来る少年が、賊となりて死せしこと、憐むべし」と絶句した。のちに判明したのだが、この少年兵が村田岩熊であった。

父、村田新八は薩軍諸将の中でも傑出した人物であった。元治元年、薩摩藩父・島津久光の怒りに触れ、一時、鬼界ヶ島に流される(同時に西郷は徳之島へ)。維新。村田新八は明治4年、宮内大丞《だいじょう》となり、例の岩倉大使らの欧米視察団に同行して明治7年に帰国。西郷と大久保の意見の対立に悩み、大久保にも質したが、結局、西郷に投じ、鹿児島に帰った。最後は城山で西郷に殉じた。42歳。

西郷は村田新八を高く評価し「新八は戦術に長じているが、単なる武人ではない。智、仁、勇を兼ね備えた人物である。諸君はよろしく新八を手本とすべきである」と語った。

勝海舟もまた、「村田氏は大久保利通に次ぐ人物である。不幸にも賊名を負って戦没したが、まことに惜しい限りである」と長嘆息したほどであった。

話をもとに戻す。田原坂の激戦で、大人に伍して健気に闘った少年兵たち。いずれも薩軍だ。彼らはほとんど、その氏名、行動はおろか人数すら不明であるが、地元では断片的ながら少人数の記録を残している（植木学、前掲書）。それを記す。

高橋長次。熊本隊士。敵中に入って2人を斬ったが、額を傷付けられ、救出されたが絶命。16歳。諏訪〓《えい》四郎。鹿児島草牟田の出身。戦死。16歳。福崎正治。吉次で奮戦、負傷。池上彦熊。吉次で両眼を失う。17歳。向田幸蔵。木留で戦傷。18歳。藤本万鶴亀。戦場に一篇の漢詩をのこす。17歳。

実は薩軍は劣勢になるにつれ、各地での兵の募集の年齢を拡げた。初めは20歳以上、40歳まで。次は15歳以上、45歳まで。最後は13歳以上、50歳まで―とし、半ば強要した、とみられる。勢い、少年兵が多く、彼らは山野に多数散った。非情にも、人知れず忘却の淵に沈んだ無辜《むこ》の魂たち。されど、悠久泰然たる阿蘇の山々は彼等をひっそりと受け入れ、慰撫し、彼岸へと送った。民謡『田原坂』は、そのような少年たちへの鎮魂歌として生れたに違いない。

他方、敗色が濃くなると薩兵も荒れた。銃弾の買上げの不払いや飲食費の未払い…。猛将、別府晋介は逃亡兵を警戒し、「肝試し」と称して敵兵の肝臓を食わせた…？　果ては薩兵か官兵か、婦女暴行や略奪…。民心も次第に離れた由（植木学、前掲書）。戦場の荒廃はここ田原坂でも例外では無かったようだ。

薩軍の敗走が始まる。３月19日、政府軍は長崎経由で海路、八代に黒木為楨中佐が指揮する別働旅団を上陸させ、熊本を腹背から攻撃する体勢に入った。決定的であった。これにより両軍の勢力均衡が破れ、翌20日、薩軍は田原坂も占拠された。この時点から薩軍は「攻」から「守」へと転じる。とは言え、薩軍も必死に踏んばり、以後20日間ほど、散兵線は木留、吉次、鳥栖《とりのす》、田島、隈府と約20kmの長大なラインで膠着状態に陥った。

４月14日、官軍が熊本城に入り、50余日に及んだ籠城戦は終る。翌15日、薩軍は植木方面から全戦線にわたって撤退。主力は南に向う。これをもって田原坂での戦火は完全に消えた。この途次、人吉で協同隊の宮崎八郎が戦死（４月６日）。27歳。独立不羈《ふき》、気宇広大を尚ぶ反骨精神のかたまりで、民権派のリーダーとして時代に先駆けた惜しい人物であった。

田原坂の戦いの決着から、城山での決戦で西南戦争が終るまでの5カ月余、薩軍は九州各地を「転戦」する。西南戦争の後半期であるが、本誌は戦記ものではないので、その辺は簡略に語ることとし、その前に、第一章「西郷、ついに起つ」に至る原因と時代背景を少し詳しく見てみよう。

第六章　改革急ぐも維新政府に亀裂

「田原坂の戦い」から10年前にさかのぼる。維新の英傑はみんな若い。左の表は明治元年における諸氏の年齢だが、年配格の西郷とて40歳だ。

西郷は、討幕の戊辰《ぼしん》戦争（慶應4年～明治2年）で官軍の総指揮をとり、維新第一の功をあげたことは良く知られるが、明治政府が成立すると、さっさと帰郷。請われて薩摩の藩政改革にあたった。

西郷、廃藩置県を領導

明治4年（1871）、西郷は政府強化を図る岩倉具視、大久保利通らの求めに応じて政府に入り、参議に就任。7月、廃藩置県に主導的な役割を果した。この廃藩置県の、新政府にもたらす意義は、とてつもなく大きいもの

勝　海舟	45歳	1823	(文政6)年1月30日生
大村益次郎	44歳	1824	(文政7)年5月3日生
西郷　隆盛	40歳	1827	(文政10)年12月7日生
大久保利通	38歳	1830	(天保元)年8月10日生
木戸　孝允	35歳	1833	(天保4)年6月26日生
三条　実美	31歳	1837	(天保8)年2月7日生
山県　有朋	30歳	1838	(天保9)年閏4月22日生
桐野　利秋	30歳	1838	(天保9)年12月生・日付不詳
伊藤　博文	27歳	1841	(天保12)年9月2日生
大山　巌	26歳	1842	(天保13)年10月10日生

○ 明治元年における主要人物の年齢・誕生日 ○

幕末、「人生50年」の時代だったとは言え、諸氏は若い。やはり、時代変革は若いエネルギーを必要とするのであろう。表にはないが、大久保のライバル、江藤新平は34歳。板垣退助は31歳であった。

であった。念願であった中央集権国家の基盤づくりが出来たのである。

封建制度による幕藩体制が徳川時代を支えて来たことは周知の通り。「幕」は徳川幕府、「藩」は全国300諸藩のこと。この幕藩体制が維新変革で瓦解に瀕したものの、実はまだ、しぶとく〝根っ子〟が残っていた。それが全国諸藩の存在である。

慶應3年（1867）10月、徳川幕府は15代将軍・慶喜が大政奉還で朝廷に政権を返上。この時点で幕藩体制の「幕」が亡びた。明治2年（1869）6月、全国の諸藩主は版籍奉還で版（土地）と籍（人民）を朝廷に返納したものの、藩主が藩知事となって厳然と存在した。

明治4年7月、全国の藩を完全に廃して府県に統一し、中央集権的権力機構の成立を図って断行されたのが廃藩置県であった。政府はこれに備え、薩長土の兵1万を東京に集め、在京の諸藩知事（つまり旧藩主）を召集して廃藩を命じた（半ば恫喝である）。西郷、木戸らが指揮をとる。

これにより、東京・大阪・京都の3府と302県が成立。旧藩主の藩知事は家禄と華族の身分を保障されて東京へ移住した。

政府の財政も大きな転機を迎えた。全国諸藩の年貢は一元的に政府の手に移り、同時に諸藩の負債も政府が肩がわりした。また、人事面でも、中央から東京・大阪・京都に知事が、各県には県令が派遣され、人事権の中央支配が実現した。

なお、同年11月には府県の統廃合が行われ、3府72県となった。

岩倉使節団、欧米視察へ。留守役、西郷

成立間もない明治政府は課題山積であった。外国との条約改正と欧米視察を兼ね、岩倉使節団が出発したのは明治4年11月、約1年10カ月をかけて米欧12ヵ国を歴訪。総勢46名という大型使節団であった。

顔ぶれは特命全権大使が岩倉具視（右大臣）、副使が木戸孝允（参議）、大久保利通（大蔵卿）、伊藤博文（工部大輔）、山口尚芳（外務少輔）。明治政府の薩長の実力者を並べ、理事官、書記官には旧幕臣も含め、若手を登用した。使節団の目的は①条約締約国への国書の捧呈②幕末、徳川幕府が外国と結んだ不平等条約の改正予備交渉③米欧各国の制度や文物の調査研究であった。

西郷は留守政府を預かる筆頭参議として重きをなし、明治天皇に近侍する。この時、20歳だった若き天皇は西郷を慕い、敬う。その追念は終生変らなかったようだ。

岩倉使節団が帰国するのは明治6年9月（大久保、木戸は個別に一足早く帰国）。この年は後半に入っていたが、早々に明治政府がまっ二つに分裂する大異変が生じた。これを「明治六年政変」という（後述）。

まず、岩倉ら一行は帰国早々、西郷以下の留守政府に対し、厳しく〝違約〟を詰《なじ》った。

「留守政府には、新規の改正を控えるよう誓約書を交していたではないか」

このクレームはいささか片腹痛い。

時代は激しく動いていた。そのことは留守政府の旺盛な仕事ぶりにあらわれている（後述）。一方、使節団は多くのカネと時間を使い、各国との通交でも円滑を欠き、時間の浪費甚しく、おまけに団員同士の不仲が表面化（それも多分に感情論的で、例えば大久保と木戸の如き）。さらに決定的だったのは肝心の条約改正の予備交渉では何等の成果もあげずに帰国したことだった。つまり、使節団の派遣は当初の目的からすると、ほぼ完全な失敗であった。

岩倉も大久保も秘かに政治生命を覚悟したほどだったが、彼らは内政での失地回復を狙う。その延長線上に留守政府の〝違約〟問題と征韓論の論争があったのであり、「明治六年政変」といわれる政治的事件の背景に、そのような事情があったことを見逃してはならない。特に征韓論争ではそうである（後述）。

留守政府、「御一新」をほぼ実現

廃藩置県から岩倉使節団が帰国するまでの2ヵ年余は「近代日本の歴史において政治上・経済上・社会上の急進的改革が最も盛大かつ集中的に実行された時期であった」という指摘がある（毛利敏彦『明治六年政変』）＝傍点・筆者＝。

①封建的身分差別の撤廃
解放令（明治4年8月）▽家抱《けほう》・水呑百姓の解放（同5年8月）▽人身売買禁止と娼妓・年季奉公人の解放（同5年10月）

②士族の解消　徴兵令の施行（同6年1月）

③封建的土地制度の改革　地租改正（同6年7月）

留守政府の精力的な施策は他にも沢山あり、枚挙にいとまがないほどだった。

①初の全国戸籍調査（同5年1月）
②近代的教育制度創設（「学制」公布）および裁判所体系整備（同5月8月）
③新橋―横浜間鉄道開通（同5月9月）
④太陽暦採用（同5年11月）

――などなど。

留守政府は太政大臣・三条実美のもと、筆頭参議・西郷をトップに、肥前の副島種臣、大隈重信、大木喬任《たかとう》、江藤新平、土佐の板垣退助、後藤象二郎らが参議として働き、維新の理想に燃えていた。

「御一新」に必要な社会改革は留守政府がほとんどやり遂げた、と評されるが、その中心に立ってエネルギッシュに、かつ精密に事を進めたのが江藤新平であった。

瞠目すべき江藤新平の働き

江藤新平は肥前佐賀藩の出身。大久保利通より4歳年少、木戸孝允より1歳年少で、明治5年には数え年で39歳。幕末に脱藩して尊攘運動に身を投じた。王政復古で開城直後の江戸支配に手腕をふるい、東京遷都にも一役かう。一時帰藩したが、中央政府に呼び出され、企画力、実行力に富む有能なテクノクラート官僚として新政府内で頭角をあらわし、ついには参議として重きをなすに至る。

徳富蘇峰は江藤を高く評価する（『近世日本国民史』）。「思うに彼は本来のラジカルである。論理的頭脳、峻烈なる気象、鋭利なる手腕とは向うところ可ならざるはなし。しかも世に彼が如き推進力、実行力の所有者は甚だまれで、また彼が如き制法的頭脳の持主も多くない。江藤は実にこの両者を兼有していた」。同じ文章で蘇峰は、もし彼が生存していたならば「明治憲章の美をなしたる勲功は伊藤博文を待たずして、恐らくは彼に帰したであろう」とまで言い切っている。（筆者註・江藤は明治7年の佐賀の乱で刑死）

その江藤の歴史上に遺した実績は、確かに瞠目すべきものがある。

明治4年7月、文部省が設置されると若き江藤（37歳）は文部行政の最高責任者として、国民教育の基礎と骨格づくりを目指す。そのコンセプトは「近代化のために国家が全国民の教育に積極的に責任を負うべきだ」というもので、この江藤の方針は、大木喬任《たかとう》文部卿らに受け継がれ、翌5年8月の「学制」公布となった。その趣意書にうたう。「学問ハ身ヲ立《たつ》ルノ財本トモ云《いう》ベキモノ」
▽「必ズ邑《むら》ニ不学ノ戸ナク、家ニ不学ノ人ナカラシメン」。
具体的には全国に小学校を5万3760校つくり、中学校256校、大学8校と順次、上級学校を建設するという壮大な構想であった。

次いで江藤は「諸立法ノ事ヲ掌《つかさど》ル」役割の「左院」の設置に尽力。それが軌道に乗ると、左院副議長から初代司法卿に転じ、司法権の確立に挺身《ていしん》。日本における最初の近代司法制度の体系化が図られた。

江藤が司法卿に就任して間もなく、明治5年6月、史上有名なマリア・ルズ号事件が起きた。横浜に入港したペルー船マリア・ルズ号は清国人苦力《クーリー》（労務者）２３１人を載せていたが、その1人が虐待に耐えかねて脱走し、イギリス船に助けられ、日本に法的救助を求めた。ことは外国人がからみ、国内法だけで処理できるか、法整備の不十分な当時の日本にとって厄介な問題だった。ところが神奈川県権令《ごんれい》・大江卓は裁判で、清国人苦力との労務契約が人道に反するとして、彼らの解放を命じたのである。

この判決は外国からも一定の評価を得たが、裁判の過程で反論も出て、日本側が色を失う一幕があった。それは「日本国内で遊女売買の実態があるではないか」というものであった。

外国注視のもと、日本政府の対応が迫られた。10月、太政官は人身売買を厳禁した画期的な布告を発した。司法省は一層、具体的、積極的な司法省達《たつし》を発した。江藤司法卿の意向が強く働いたことは言うまでもあるまい。11月、人身売買禁止と娼妓・年季奉公人の解放の法的根拠が成立した。

政府内部の腐敗、発覚

正義漢、江藤司法卿は政府内部の規律確立にも容赦しなかった。
陸軍省では陸軍大輔《たゆう》山県有朋が絡む山城屋和助事件が発覚した。山城屋はかつて山県が長州で総督を勤めた長州奇兵隊の幹部であった。維新後、軍の御用商人になり、巨利を得た。長州系の軍人官吏は山城屋から多額の遊興費を引出す。

やがて、山城屋は生糸相場に手をひろげ、その資金に陸軍省の公金15万ドルを借り出した。ところが普仏戦争のあおりで生糸相場が暴落、山城屋は大損失を蒙った。挽回を図り、山城屋は重ねて陸軍省の公金を借り出し、借用総額が60万円を超えた（一説では80万円）。これは陸軍省予算の1割（明治6年の軍事予算は８００万円）に相当する大金だ。

山県らと山城屋との関係に不審を抱く者が出て来る。司法省も動き出す。山県は山城屋に公金返還を迫る。万策尽きた山城屋は明治5年11月、一切の証拠書類を処分した上で、割腹自殺。場所は、こともあろうに陸軍省内の一室だった。山形への面当《つらあ》てだったろう。

山県にはもうひとつ、似たような御用商人をめぐる三谷三九郎事件があった。やはり公金流用事件である。

山県は、とかく金銭面で身辺不潔であって、山城屋事件でも三谷事件でも辞表を出したが、この再度にわたるピンチを救ったのは、山県の軍政能力を買う西郷であった。西郷が単なる潔癖な「君子」ではなかった一面を物語る。

長州人は金に汚く、薩州人は女にだらしない――とは幕末に巷間よく言われた。もう1人、山県の同郷人、長州出身の井上馨《かおる》である。井上は大蔵大輔を辞任するまでの間、三井組と結び、官権を利用して民間の優良銅山を次々に手に入れ、私服を肥やし、ついには超優良鉱の尾去沢銅山（秋田）をも私物化した疑いが濃厚になった。事実とすれば、悪質この上ない権力犯罪である。江藤新平参議は司法省に調査を命じた。そこへ岩倉使節団から一足早く、木戸孝允が帰国する。井上は親分の木戸に泣きつく。

こんな国政の汚職スキャンダルをしり目に、実は岩倉使節団を待ち受ける最大の難関が横たわっていた。いわゆる「征韓論争」である。このため、政府はまっ二つに割れ、西郷・板垣らがいっせいに下野。これを「明治六年政変」といい、ついには西南戦争に至るのである。

因《ちな》みに窮地にあった井上はこの政変のおかげ（江藤も参議を辞めて下野）で救われたどころか盟友・伊藤博文に鉱山経営の利権を頼む厚顔な書簡を送っている。このような野放図な事態を放置せしめたのは木戸の裁量にもよる。木戸は盛んに岩倉（右大臣）に働きかけ、江藤のつくった司法制度に異を唱え、ある場面（小野組転籍事件。これも長州人が絡む）では〝超法規的〟措置をも引出した。理由は簡単、長州閥の温存。このため「政変の最大の受益者は長州汚職組」といわれたほどだった。

第七章　征韓論で政府分裂
西郷ら、いっせいに下野

当時、日朝関係はギクシャクしていた。鎖国を国是として開国せず、旧習を墨守する朝鮮政府は日本の欧米化政策をひどく嫌った。明治6年、釜山の倭館（日本公館）で、ついにトラブルが発生した。岩倉使節団の帰国直前だった。朝鮮側官憲が日本の商人の貿易活動を厳しく取締り、それのみか、公館前に掲示板を立てて、公然と侮辱する行為に出たのである。

いわく「日本は西洋を真似て恥じることのない無法の国である」――と。

現地からの報告を受けた閣議は、いきりたった。まず、急進派の板垣退助が「何たる国辱ぞ。放置できぬ。居留民保護のためにも、直ちに軍隊を派遣せよ」と声を荒げる。それまでのいきさつもあって、閣議はその空気に流れた。

〝これ位〟のことで他国に軍隊をさし向ける。正気とも思えないボルテージである。しかし、当時は「それが当然」ともいえる思潮が日本国中に横溢《おういつ》していた――いわゆる征韓論である（後述）。わずか10数年前には日本国中が「攘夷」「じょうい」で沸きかえり、それこそヤカンのふたを吹き飛ばさんばかりの勢いで「外夷をうち払え。鎖国を守れ」と叫んでいた国が、反転して隣国の朝鮮の鎖国を批難する。それが「おかしい」と思わないのが当時の日本であった。

西郷とて、そのような時代思潮に無縁だったわけではなかったが、いきなりの軍隊派遣には真っ先に反対した。

「ただちに兵を派遣するのは侵略のつもりではないか、と誤解される。まず、わが国の正使を派遣し正々堂々、談判すべきだ。その際、正使は烏帽子《えぼし》・直垂《ひたたれ》の礼装で、兵もつれず軍艦にも乗らずに行くべきだ」

「十分に当方の意を尽くした上で、それでも意が通じないならば次善の策があろう。その使節の役割は私が務めたい。」

この西郷の発言は、外交交渉上、きわめて常識的で順当なものではないか。だが、三条（太政大臣）は「使節は軍艦に乗り、軍隊をつれて行くべきだ」と発言し、大隈参議も「岩倉使節団に相談してからにしたら」と間を取ろうとしたが、いずれも西郷に一喝されて沈黙した、という。

8月17日、閣議は西郷の朝鮮派遣を議決。西郷は「生涯の愉快、このことに御座候」と板垣に感謝している。三条は直ちに天皇に上奏。天皇は了承したが、その際、「（重大案件なので）岩倉大使らの帰国を待って熟議、さらに報告せよ」と付け加えたという。

ここに西郷の使節派遣が正式に「内定」したのである。「内定」とは言え、天皇の了承したものであり、その重みは「決定」と同様だった。

西郷派遣に異議。だが再度、閣議決定

9月13日、岩倉使節団が帰国。ここから政局が、それこそ時々刻々で動き出す。水面下での謀略、駆け引きはいかばかりであったか。その辺の解説書、歴史書、研究書の類いは、それこそ万巻の書をなし、「西郷が征韓論者だったのか、否か」を巡って重要な論点をなすので、高い関心のある人はそちらに譲るとして、ここでは、いったん決まっていた西郷の朝鮮派遣がわずか一カ月余の10月24日、否決に至る経緯を主に時系列的に見ておこう。

二転三転、複雑怪奇な事態の進行とドンデン返し。それらは維新大業の不名誉な終焉を予感させ、明治という時代路線の跛行《はこう》的な前途を暗示している。

10月14日、懸案の閣議。朝鮮使節派遣問題が審議された。出席は太政大臣・三条実美、右大臣・岩倉具視、以下いずれも参議で西郷隆盛、板垣退助、大隈重信、後藤象二郎、江藤新平、大木喬任、大久保利通、副島種臣の10名。欠席は参議・木戸孝允1名で、病気であった。

西郷は朝鮮への使節派遣が急務であり、既に8月17日の閣議決定があることを指摘。これに対し、大久保は「使節派遣は開戦に直結する」として、有名な征韓論反対7箇条を開陳した。その第1条は「開戦の混乱に乗じ、国内で不平士族の反乱が起きる危険がある」▽第2条「巨額な戦費は人民を苦しめ、人民の反抗を招く」▽第3条「政府財政は戦費に堪えられない」▽第4条「武器弾薬の輸入が国際収支を悪化させる」▽第5条「朝鮮との戦争はロシアの漁夫の利を招く」▽第6条「戦費のために外国の内政干渉を招く」▽第7条「条約改正に備えて国内体制を整備することが先決」――というものであった。

ところが西郷は、使節派遣は日朝両国の友好促進が目的で、大久保の言う「開戦は必至」ではない、と反論した。つまり、両者の主張の前提が全く異なるのである。大久保は閣議で孤立した。

翌10月15日。西郷は閣議を欠席。代わりに「始末書」を提出して、これまでの経緯を記し（これには関係者一同の事実確認の意あり）、これに西郷自身の見解を付し、「私（西郷）は既に言うべきことは言い尽くした」との態度を鮮明にした。

この「始末書」の存在を非常に重視するのが毛利敏彦氏（『明治六年政変』

中公新書）。氏は「西郷は征韓論者ではなかった」と断定的な論陣を張る側の論者として著名で、「この始末書に見るかぎり、西郷の意図は明白である」と論拠の最大理由にする。

その理由として①「始末書」は私信などではなく、太政大臣に宛てた公的意志表明であり、その史料的価値は高い②しかも西郷は、この「始末書」の写しを大久保や久光にまで配布し、平和的・道義的交渉への決意を、いわば天下に公約した――の二点をあげる。

「このことからも、西郷は征韓を期していなかったし、ましてや使節暴殺による開戦の口実づくりをねらっていなかったはずであると容易に納得できる」「それにしても、過去百年間にわたって、西郷を征韓論者視してきた通説において、この始末書がまともに検討された形跡がないのは、不可解の極みであるといえよう」と、氏の言葉は高揚するのである。

さて、その閣議（10月15日）である。使節の派遣延期を主張したのは大久保のみで、他の参議はすべて西郷を支持。大久保も最後は譲歩し、結局、満場一致で西郷派遣が閣議決定した。あとは形式的な天皇の裁可を残すだけであった。

大久保、参議の辞表提出

大久保は不本意な結末に、怒りに震えた。もとは、と言えば西郷派遣の一件は、三条と岩倉に懇願されて引受け、反対の立場にたったのであった。そのため、望みもしない参議にもなったが、閣議では孤立。ところが肝心の三条と岩倉は西郷に逆らえないので〝知らん顔〟で通し、結局、大久保は己れの意見を撤回せざるを得なかった。これだけでも、プライドの高い大久保には我慢がならなかったであろう。ましてや争論の相手が他ならぬ西郷である。もだし難い感情の炎《ほむら》は三条と岩倉に向けられた。

16日は休日。17日早朝、三条を訪れた大久保は歯に衣《きぬ》着せず、三条を難詰した。公家筆頭格とはいえ、小心凡庸な三条が大変なショックを受けたであろうことは想像に難くない。

大久保は三条に参議辞任、位階返上を申出た。あわせて大久保は岩倉にも厳しい内容の手紙を送った。あわてた岩倉は、三条に責任を転嫁し、自らも辞意を表明して大久保に恭順の意を表すること、しきりであった。

同じ17日、西郷らは三条に使節派遣の閣議決定を天皇に上奏するよう求めた。三条は最後の頼みの綱、岩倉にも突き離され（実は三条と岩倉は同じ公卿《くぎょう》ながら隠微なライバル関係にあった）、万策尽きた。その夜、三条は高熱を発して卒倒、人事不省に陥る。

ここで当時の正院（今の内閣に相当）の構成員の年齢を見ておこう。太政大臣・三条37歳、右大臣・岩倉49歳、参議は西郷47歳、木戸41歳、板垣37歳、後藤36歳、大隈36歳、江藤40歳、大木42歳、それに新しく大久保44歳、副島46歳を加えた陣容であった。錚々《そうそう》たる人物群で、これだけでも三条の正院指揮の困難さがうかがえるが、西郷は三条の卒倒を知ると「何とまあ、肝《きも》の小《こま》かこと」と憐れんだ。だが実はこれが西郷らの一瞬の油断であった（後述）。三条を明治天皇が見舞ったものの、三条の意識は戻らない（?）。このままでは国政の遅滞が懸念される。

政府分裂。西郷以下、一切に下野

20日。勅令により岩倉に太政大臣代理の役名下る。22日。西郷、板垣、江藤、副島の4参議は岩倉を訪れ、規定どおりに15日の閣議決定を天皇に上奏するよう求めた。当然の要請であった。本来ならば件《くだん》の案件は15日中に上奏されて当然、それが1週間も放置されていた。

ところが岩倉は4参議の要請を断わり「三条と自分は別人ゆえ、自分の意を通す」と言い、閣議決定には拘束されない、とまで揚言した。まことに耳を疑うような発言であったが、これには実は大久保からの強い「説得」があったことが、後日判明する。

翌23日。西郷は天皇に直訴（この行為は岩倉が秘かに恐れていたことだったが）もせず「胸痛の煩《わずら》いあり、奉職叶《かな》わず」と、ただひとり辞表を提出し、東京郊外に身を隠した。余りにも恬淡《てんたん》とした身の処し方であった。

同じ23日。岩倉は天皇に上奏し、閣議決定を裁可しないように進言した。若い天皇は老士、岩倉の口上を「了」とした。ここに、10月15日の閣議決定は水泡に帰した。

西郷の辞表は24日に受理された。また、閣議決定が無効になった時点で、西郷を支持した板垣、江藤、後藤、副島の4参議はいっせいに辞表を提出、25日に受理された。大隈、大木は留任した。

こうして、維新政府の中枢は大分裂し、閣僚の半数が下野した。これを「明治六年政変」という。残暑厳しい秋10月であった。

伊藤―大久保が仕掛けた「一の秘策」

永い封建時代に終止符を打ち、「文明開化」の国づくりが本格化しようとする矢先に起きたこの政治上の大事件は、いわゆる「通説」が一般の歴史書はもちろん、現行の中学校や高校の歴史教科書でも大手を振ってまかり通る。

現行の『中学社会―歴史的分野』は、複数の教科書の記述を大略まとめると（どれも大同小異）次のように綴られよう。

「明治政府は朝鮮と国交を開こうとしたが、鎖国を続ける朝鮮は応じない。そこで西郷隆盛らは朝鮮を武力ででも開国させようと征韓論を主張したが、欧米から帰国した岩倉使節団の反対で中止になった。西郷らは政府を去った」

「やがて、次々と不平士族の乱がおこった。征韓論がいれられず、政府をしりぞいた西郷隆盛は1877年（明治10）、鹿児島の不平士族におされて兵をあげた。これを西南戦争と呼ぶ」

西郷が征韓論のリーダーであり、且つ不平士族のリーダーでもあった、というレッテル貼りが堂々とまかり通っているのが現状だ。これは本当か？

不平士族のリーダーうんぬんについては既に説明したように、全く当たらない。確かに西郷は「四民平等」政策で生じた士族没落の行く末には同情を惜しまなかったが、秩禄処分や徴兵令など、士族の不満を承知で政策を断行した。

また、征韓論うんぬんについても、既に見たように、西郷は「征韓」の立場をとらなかった。それにしても、誰しも非常に奇異に思うのは「明治六年政変」で、いったん閣議で西郷の朝鮮派遣が正式に議決されたものが、なにゆえ天皇の裁下で中止となったのか――という点である。

実は「裁下」は天皇の意思ではなかった。もう一度、明治6年10月の閣議に戻る。太政大臣の上奏――勅命裁可は当時の政治決定上の形式手続きに過ぎなかった。だが、ルールはルール、勅命は重い「天皇の命令」である。ここを突いたのが伊藤（博文）――大久保であった。

伊藤は長州出身だが、岩倉使節団で親分の木戸と大久保が「口もきかない犬猿の仲」になると、大久保についた。岩倉使節団に工部大輔の肩書きで参加していた伊藤は、秘かに大久保に接近して誼《よしみ》を通じていたのだ。いかにも才子、伊藤らしい行動である。その伊藤が、常識人では思いもよらない奇策を考えた。

10月15日、閣議が西郷の朝鮮派遣を決定し、大久保が辞意を提出。それを追って岩倉も辞意表明。三条の急病で国政の舵《かじ》取りが頓挫《とんざ》した折りのこと、伊藤はこのチャンスに、岩倉を太政大臣代理（傍点、筆者）に着け、天皇への上奏権を「活用」する案を考えたのだ。岩倉の天皇への報告内容は事前にじゅうぶん言い含めれば良い。

伊藤のこの案は一応、木戸にも相談され、大久保に伝わったが、さすがの大久保もその大胆さにはためらいを見せた。とは言え、数日の時間が経つと、大久保の冷静で独自の思考回路が作動し始めた。強固な権力意思の持主である大久保は閣議での敗北という不名誉を払拭したかった。

大久保は19日の日記に「一の秘策あり」と記す。決意を固めたのだ。腹心の開拓次官、黒田清隆をはじめ同郷の人脈をフルに使い、宮廷内の工作を進め、天皇側近の有力者にたどり着く。

いったんは辞意表明したものの、右大臣に留まっていた岩倉は、太政大臣代理を拝命するや、直ちに参上して閣議報告のかたわら、私見として「西郷の朝鮮派遣は準備が整っていないので延期」（傍点、筆者）と具申した。深い事情も知らないまま、若い天皇（22歳）は「延期」を了としたのだった。

以上が、ことの真相である。伊藤は稀代の策士と言うべきだろう。以後、大久保との紐帯《ちゅうたい》が一層強固なものになったのも当然である。

大久保は己れの名誉回復とともに閣内（正院）の反大久保派の一掃にも成功した。特に土佐派の数の多さと肥前の江藤の存在を苦々しく思っていたから、この時の「快挙」を自分の時代の到来ととったであろう。西郷らの一斉の下野から半月後の11月10日、参議に復帰していた大久保は新たに内務省を設置し、新政府の中枢を握る。大久保時代の真の始まりであった。

一方、下野した板垣らは民撰議院を設立すべく、新たに自由民権運動をスタートさせる。だが、西郷は「自由におやりなさい」と賛同せず帰郷。板垣の秘かな恨みを買う。

前にも触れたが、この「明治六年政変」で、文字通り「最大の利」を得たのは長州の〝汚職組〟であった。山県、井上を追求する肥前派（特に江藤）と薩摩の近衛兵が消え、山県陸軍卿の地位は安定し、引退を考えていた木戸が一息つく。こうして長州は再び薩摩と並ぶ政治勢力を回復したのである。

◀大久保利通

◀木戸孝允

◀板垣退助

◀山県有朋

第八章　征韓論とは何か〜その系譜

そもそも征韓論とは何だろう？　朝鮮を討ち、属国とすべし——との〝方法〟論は判るのであるが、その論拠とは？　幕末の思想家、吉田松陰の主張が良く知られる。松陰は「欧米列強に伍すために我が国はまず、朝鮮を属国とせよ」と露骨に朝鮮侵略論を唱えた。

嘉永6年（1853）、アメリカ使節ペリーの来航で我が国の鎖国政策は破綻。200余年続いた江戸幕府の対外封鎖政策があっけなく崩壊したのだ。欧米列強の脅威が現実のものとなった。それも、目の前に突きつけられた喫緊の問題として。ほんの10数年前、イギリスと清国との間で起ったアヘン戦争（1840〜1842）はイギリスの一方的な勝利に終り、不平等な南京条約（1842）を強要された中国はその後、欧米列強の半植民地となる。

アヘン戦争の結末は当時の日本に大きな衝撃を与えた。日本の支配層は、素朴に中国（清）を世界の強大国とみなしていたからだ。日本では天保の改革の最中で、海防問題に鋭敏だった渡辺崋山や徳川斉昭などでも、イギリスやロシアはまず日本を支配下に置き、ついで清国を攻める、と読んでいた。

「あの清国が欧米の植民地となった。次は…」

ペリーの来日と開国要求は、アヘン戦争の衝撃と懸念が過去の出来事として終っていないことを日本にまざまざと思い知らせた。現にアメリカはアヘン戦争が終った直後の１８４４年、イギリスに倣《なら》って清国との間に望厦《ぼうか》条約という不平等条約を結んでいる。

尊皇攘夷——国学が後押し

幕末動乱の時代があける。

「国体を護持し、３０００万国民（幕末の日本の人口）を守る」——。幕末～明治維新の政治運動は広く知られているように尊皇攘夷論で語られることが多い。尊皇論と攘夷論はもともと別個の思想であったが両者が結びついた。幕末期、幕藩体制の制度疲労はピークを迎え、そこに外圧による対外危機が引金になって、日本の政治的ダイナミズムは機能不全に陥りつつあった。そこで「尊皇論《そんのう》＝天皇中心の国体を護る」と「攘夷論《じょうい》＝外国（夷）を攘《はら》う」がセットで語られ、やがて反幕スローガンと化した。外国を夷狄《いてき》として排斥する攘夷論は、もともと儒学の中華思想に由来するが、幕末期に欧米諸国のアジア進出が盛んになると現実的な論拠となるに至った。

外国を「夷」と蔑《さげす》む目は欧米諸国に対してだけではなく、隣りの朝鮮にも向けられた。背景に、国学の勃興がある。国学は日本国固有の文化および精神を明らかにしようとする学問で江戸中期、日本古典の文学研究から始まり、本居宣長によって大成された。だが江戸末期、外国の脅威が現実のものになるにつれ、次第に政治思潮を帯びて来る。特に後期水戸学や平田国学などによって天皇の存在意義が一段と強調され、日本の国史が見直され、「わが国の本質は、万世一系の天皇の伝統的権威に依拠するもの」と主張されるに至った（この論は近代に入ると超国家主義の理論的根拠となる）。

征韓論――維新前から秘かに画策

維新動乱の目まぐるしい時期を経て、明治維新を迎える。明治元年（1868）、「維《こ》れ新《あら》た」なり。

江戸後期、国学が隆盛になるにつれ、学者の間で隣国の朝鮮を侮蔑する傾向が次第に強まって来る。日本の「唯我独尊」を学ぶのだから、思想的な反動作用だろう。さすがに中国には向わないが…。こうした議論の持主は、ややもすると文献にある記述を歴史的事実とし、古代にも日本は朝鮮を支配していた（例えば『記紀』の神功皇后の新羅・百済征伐や任那日本府など）と考えた。

幕末、欧米列強の圧迫を受けると、その〝損失〟は朝鮮を攻めて補え、という議論も抬頭してきた。何とも乱暴な話である。だが、その思想的〝体質〟は、ずっと尾を引くのである。「明治政権は戊辰の戦争に勝利した直後から、木戸孝允、大村益次郎が中心となって（朝鮮国に対して）侵略を策していた」（井上清『西郷隆盛』）。ここに大変興味深い資料を紹介する。明治元年（１８６８）12月14日の『木戸日記』だが、木戸は岩倉に
「速《すみや》ニ天下ノ方向ヲ一定シ、使節ヲ朝鮮ニ遣《つかわ》シ、彼ノ無礼ヲ問イ、彼モシ服セザルトキハ罪ヲ鳴ラシテ攻撃、ソノ上大《おおい》ニ神州ノ威ヲ伸張センコトヲ願ウ。（中略）。必ズ国地ノ大益《たいえき》言ウベカラザルモノアラン」と説いた。「これが明治政権の征韓論が文献にあらわれる最初である」（井上清、前掲書）。

木戸の日記に、朝鮮の「無礼」とあるが、それは日本側の言いがかりに等しかった。明治政府は何としてでも朝鮮と「こと」を構え、朝鮮を手に入れたかった。戊辰戦争で討幕には成功したものの、国内が平定したわけではない。士族２００万の不満のエネルギーを外戦に向かわせ、挙国一致を図り、その間に急ぎ政府軍を整え、新政府の権威を確立する。それはちょうど、天下統一を果した豊臣秀吉が文禄・慶長の役で朝鮮に出兵した事情と良く似る。これが理由の第一であり、第二は、幕末の吉田松陰が声高に叫んだ如く

「3000年来、独立して来たわが大日本が、外国人の束縛を受けることは血の通う者として見ておれぬ。ナポレオンを立たせ、フレーヘード（自由）を唱えなければ、腹のもだえが治まらぬ。今の幕府も諸侯も頼りに出来ぬ…」と、欧米列強からの圧迫を、心理的、政治経済的にも朝鮮侵略によって解消しようと図るのが理由であった。何よりも樺太や台湾よりも地理的には好都合だ。

このように、征韓論の底流は松陰以前からあったのだが、幕末に国体護持が急務となり、机上の空論から現実味を帯びて来た。

松陰の弟子である木戸、伊藤らはもちろん、薩摩の大久保、黒田、土佐の板垣、後藤、肥前の副島、江藤ら――要するに明治政府の首脳陣は、こぞって征韓派であった。つまり、ひとり西郷が征韓論を振りかざしていたのではなかったのである。

むしろ、西郷の征韓論は後発組の方であった。岩倉使節団が日本を発つ前の明治4年11月、木戸は岩倉邸で、三条、西郷、大隈、板垣を前に征韓論の持論を述べ「朝鮮へ着手の順序を論ず」（『木戸日記』）。西郷が征韓論と面と向ったのは、この時が最初だといわれる。

大久保の本心

それでは何故、西郷に征韓派の親分といったレッテルが貼られたのであろうか。それを小誌で語るのは難しいが、要は大久保の胸三寸にその因があったと筆者は考える。

欧米視察から帰国した大久保は政界における肥前派（佐賀藩）の跋扈《ばっこ》を苦々しく思った。参議（現在の閣僚）だけでも11人中4人（副島、大木、江藤、大隈）もいる。特に論理的でスジ論にうるさい江藤を好まなかった。加えて新任参議（大木、江藤、土佐の後藤）の排斥も考えた。

もともと権勢欲の強い大久保には「明治国家は詰まるところ、俺と西郷、それと岩倉でつくった」という強烈な自負心があった。これは何を意味するのかと言えば、慶應3年（1868）12月9日、小御所《こごしょ》会議における王政復古クーデターのことを指す。この御前会議では大政奉還後の徳川氏の処分が論議された。山内豊信《やまのうちとよしげ》、松平慶永《よしなが》（越前）ら有力大名は公議政体論（公武合体）の立場から徳川慶喜《よしのぶ》（第15代将軍）の処分に反対したが、会議を設定した岩倉具視、大久保利通らは譲らず、激論は深夜に及んだ。結局、慶喜に辞官納地《じかんのうち》（慶喜の引退と領地の返納）を命じることに決定。これで武力討幕の路線が確定したのだったが、この時、西郷が決定的な役割を果したことは有名だ。会議が硬直状態に陥り、あわや「お流れ」か、と思われた際、会議場の外で警備についていた西郷が「容堂公（山内豊信）はおかしい。短刀一本あれば事は足りる」と言い放った。これが後藤象二郎から伝わって容堂は震え上がり、以後、沈黙を守った。こうして慶喜の処分と武力討幕の流れが決したのだった。

この王政復古クーデターには三条や木戸、あるいは板垣、江藤らは参画していなかった。従って、維新後の大久保の胸中には「俺がつくった政権を、遅れて来た徒輩《やから》に渡してたまるものか」という高温高密の執念が常にたぎっていたに違いない。

岩倉使節団で帰朝し、征韓論の閣議で一旦《いったん》は敗北したものの、その後の「一の秘策」作戦で巻返しに成功。大久保の目論見通り、板垣、後藤、副島、江藤の4参議が下野。政権中枢を再び大久保が握る。

この時の騒動(明治六年政変)で、西郷を〝巻き添え〟にすることになったが、大久保は「いずれ仲直りが出来る」と読んでいた。ために、西郷からの辞表提出に際し、西郷の官位である参議・近衛都督・陸軍大将のうち、官位の本官である陸軍大将の肩書だけはわざわざ残したのだ（文官・武官では武官が上位だった)。西郷復帰の布石である。だが、その西郷が〝反乱〟を…(後述)。

「明治六年政変」の、ことの本質は征韓論うんぬんではなく、大久保の荒療治による内閣（正院）の〝大掃除〟であった。「大久保のクーデターであった」と評する史家もいるほどだ。大久保も征韓論には反対どころか木戸同様、積極派で、海外に出兵することに何等のためらいも見せなかった。

明治六年政変のわずか7か月後の翌年5月、台湾出兵。
明治8年、江華島《こうかとう》事件（日本軍による朝鮮・漢江での挑発事件）
明治9年、日朝修好条規（江華島事件をもとに朝鮮を開国させる）
日本は毎年、立て続けに軍隊を海外に出した。「まずは内治優先」ではなかったのか？政権の最高実力者、大久保の指揮なしには到底出来ないことであった。わけても日朝修好条規（江華条約ともいう）は、我が国が外国に初めて強いた不平等条約であったが、その内容は我が国が欧米諸国から強いられた不平等条約の雛型（ひながた）と言えるものであった。すなわち①釜山など3港の開港②日本の一方的な領事裁判権③無関税特権――を定めた（我が国が欧米諸国に対し不平等条約の改正を要求している最中に、である）。

西郷は江華島事件を起して朝鮮に強引に開国を迫った日本政府のやり方を「実に天理において恥ずべきの所為にござ候」と強く批難している（『篠原冬一郎（国幹）宛書簡』より）。あれほど武力派兵を禁じた西郷の方針を、いとも軽く踏みにじった大久保。彼の本心がどの辺にあったのか、透けて見えるではないか。日朝修好条規の締結（明治9年2月）の1年後、西南戦争の勃発（明治10年2月）。

松陰の征韓論は結果的に実った。明治43年（1910）日韓併合。その地ならしを進め、強力な推進を担ったのが松陰の弟子、伊藤博文（韓国統監府の初代統監）であった。

だが、征韓論の淵源《えんげん》を見ると、それは古代の律令制の確立期（7世紀後半）にある、とする興味深い指摘がある（吉野誠『明治維新と征韓論』）。それも「天皇」の称号と深く係わる、という。日本で「天皇」の称号が使われ出したのは、608年（推古天皇）、聖徳太子が隋《ずい》に送った国書に「西皇帝（もろこしのきみ）」に対して「東天皇（やまとのてんのう）」と称した、との日本書紀の記述が最初とされる。従って「推古天皇」が初の用例で、それ以前は「大王（オオキミ）」と呼ばれ、中国から「天皇」という称号を取り入れると、当初は

「スメラミコト」、「スベラギ」「スベロギ」などと日本訓みにされたが、律令制の確立に伴い、中央集権国家の唯一最高君主として、天皇が君臨する古代天皇制《てんのう》が生まれた。

古代中国では君主は皇帝といい、歴代皇帝の中で天皇と称した例は唐の高宗《こうそう》のみ。天皇は日本固有の称号とでも言うべきものに変質し、多分に中国の皇帝が意識された。つまり、「倭」の国号を自ら変えた「日本」(7世紀末)が、中華帝国のミニ版を志向したが、朝貢国を持たない皇帝はあり得ない。そこで、近くの朝鮮半島に目を向けた。

吉野氏は前掲者で「天皇制はその本質において朝鮮の服属が不可欠の前提であった」という。その歴史的、政治的思想が中世、近世を通して伏流し、近代に至って一気に発露した、と言えよう。それは、明治の近代天皇制と無縁ではなかったのである。

考えてみれば、明治維新の政治理念が「王政復古」であったではないか。その「大号令」(慶應3年)は施政方針として「諸事《しょじ》、神武創業ノ始メニ原《もと》ヅキ」

は言うに及ぶまい。（傍点・筆者）と新政の原点を打出している。ここに征韓論が伏在すること

実は西郷は征韓論者ではなかった――と見る研究者がいる。既に紹介した毛利敏彦氏である。氏は多くの史料を丹念に読み解き、「西郷の本心は平和交渉論だった。征韓論を否定し、閣議でも敗けたわけではない」と説く。

この見解の対極に井上清氏がいる。氏は西郷の「誠実な仁政主義者」である人物像には敬愛を払う一方、「これほどの人物が、何らの正当な理由もないのに朝鮮侵略の大戦争をむりやり挑発しようと、地位も生命もかけて争う」（『西郷隆盛』（上））と厳しく批判した。

近年、この分野の研究は毛利説を巡って賛否が分かれるといっても過言ではなく、論争は今も二分される。

第九章　帰郷、敗退、慎終

西郷が参議を辞職すると、同時に薩摩出身の近衛兵らもいっせいに辞表を出す騒ぎとなった。驚いた若き明治天皇は、篠原国幹（近衛局長官）ら近衛士官を召し、直接慰留を試みたが、篠原らは病と称して無視。続々と帰郷を始めた。その数、約３００。また、土佐出身の近衛士官も板垣の説得を受入れず、40余人が辞表を出して隊を去った。

こうして近衛部隊は一時、壊滅状態に陥ったが、大久保には成算があった。陸軍卿の山県が士官学校出の若い将校と徴兵制による新兵を集めて近衛兵の再建に当り、２カ月ほどで新編成を終えた。

同時に政府は各県から邏卒《らそつ》（後の巡査）を集め、新たに東京警視庁を設立。薩摩出身の川路利良（大久保派）を大警視に任命した。川路はヨーロッパ各国を視察した見識をもとに強力な警察組織を構築した。
　これら新たな近衛兵と警察が、3年後の西南戦争で薩軍の行く手を阻む軍事パワーの中核となるのである。

　西郷が鹿児島に帰ったのは明治6年11月10日。故郷、武《たけ》村の旧居に腰を落着ける間もなく、問題が生じた。何百という士族が一度に帰郷したのである。彼らには職もなく、将来をどうするのか。反政府の気分だけが高揚して、不穏な空気が醸成される。実際に12月7日、熊本鎮台の鹿児島分営が火災で全焼。分営は解体される騒ぎがあった。翌7年6月、旧鹿児島城の厩《うまや》跡に、士族対策として「私学校」が設立された。私学校は銃隊学校と砲隊学校から成り、前者は篠原国幹が主宰し（生徒500〜600名）、後者は村田新八が指導（同200名）に当った。午前中は戦術研究や漢学への講義、午後は実地訓練。西郷は実際、遠からず対外的な危機が生じると考えており、私学校の有様はハタからみると堂々たる軍事教練学校であった。

城下をはじめ、県下各地に136の分校を持ち、肝心の経費は旧藩から県庁に引き継がれた積立金でまかなわれた。

おもしろいことに、生徒の留学制度も設けられ、明治8年度は3名、同9年度は2名をフランスに留学させている。このほか、開墾や米、甘藷《かんしょ》の栽培などを行う吉野開墾社も設けるなど、必ずしも軍事目的一色だけではない学校経営で、私学校の勢力は次第に県行政に浸透して行く。

私学校の運営が軌道に乗ると、西郷は公の場にはほとんど姿を現わすことがなくなった。武村の自宅から毎日、畑に通い、糞桶《こやしおけ》を担ぐ。自ら「武村《たけむら》の吉《きち》」と称した、という。また、山野で狩猟に励むことを好み、愛犬をことのほか可愛がった。鰻丼を注文して与えたり、猟の獲物の大鍋をまず犬にやったり、自身が楽しんでいる風だった。

筒袖の上着に股引き、草鞋《わらじ》掛け。犬を連れて1人歩きの大男。武村の吉と名乗り、顔も知られていなかったので、訪れる茶屋であれ共同浴場であれ、誰も西郷だとは気付かなかった、という。
わずか数年後、狂騒と破滅の淵に身を投じることになろうとは夢にも思わぬ静穏な日々であった。時に、好きな漢詩をひねってみたりもした。

山行

犬を駆《か》り雲を衝《つ》き独《ひと》り自ら攀《はん》ず
傲然長嘯《ごうぜんちょうしょう》す断峰《だんぽう》の間
請う看《こ》よ世上《みせじょう》人心の険《けん》
渉歴《しょうれき》は山路の艱《かん》より艱なり

（犬を連れ、雲を抜け、山に登る
誰をはばかるか、詩吟に興ず
見るがよい、人の世の険
世渡りは険しい山道より難

そのような境地を心から楽しんだ西郷だったが、時代の大きなうねりが、いつまでも西郷を放ってはおかなかった。

佐賀の乱（明治7年）に始まる一連の不平士族の反乱。いずれもが西郷に呼応を求めたが、西郷は一切応じず、彼らは官軍の前に散じて行った。逸《はや》る薩摩士族たち。彼らを西郷は、時に声を荒らげて抑えて来た。

政府にとっても、最も恐れたのが西郷の蹶起で、そのため西郷の下野〜帰郷直後から密偵を放ち監視を続けて来た。その報告は、明治9年12月、「鹿児島の情勢は、今や破裂寸前」と伝えた。

西郷暗殺団。大久保が密命？

明治9年の暮れ、大警視川路利良《かわじとしよし》は在京の鹿児島士族、約20名を集め、帰郷して私学校党の動向を探り、あわせて、出来得れば私学校党の説得に当るよう指示した。この視察団は少警部中原尚雄《なかはらなおお》を始め、中警部や一等巡査ら、私学校党とは距離を置いていた連中だった。

一行は明治10年1月から2月にかけて鹿児島で活動するうち、2月3日以降、私学校党に次々と逮捕された。取調べの結果、西郷暗殺計画を自供する口供書が取られた。中でも、中原の自供内容は具体性に富み①西郷を暗殺したら学校は瓦解する②川路の指示であった——等々が述べられていた、という。さらに、その後の調べで、暗殺計画には川路だけでなく、大久保も一枚かんでいた——という別の人物の証言も出て来て、私学校党は熱《いき》り立った。この暗殺計画について、政府に尋問する必要がある——これが薩軍の挙兵の「名分」だ、と一般に言われる（だが薩軍は、出立の際の通告文に暗殺計画のことは掲げておらず、それは他者の解釈といえよう）。

ここで奇妙なことがある。中原らは、西郷暗殺うんぬんの口供書は拷問によってデッチ上げられたものであり、暗殺など考えてもいなかったと告発。3月、彼らは釈放される。後の裁判でも無罪とされた。

では、口供書は私学校党が挙兵の名分をつくるために捏造《ねつぞう》したのか？　はるか後年になって、中原の関係者が「確かに中原の口から暗殺のことを聞いた」と発言しており、真相は闇の中だ。生前の大久保はもちろん「迷惑千万」と関与を全面否定した。

中原らが私学校党に逮捕されたとき、既に別の事件が勃発していた。1月29日夜の、いわゆる火薬庫襲撃事件である。この私学校党の暴発は翌日も続き、2月1日から2日にかけて今度は造船所も襲った。

その結果、ついに薩軍が立たざるを得なくなる。火薬の導火線に火が着いて、西南戦争という全面戦争に至る経緯は第一章「西郷、ついに立つ」を見て頂きたい。

西南戦争。緒戦敗退、薩軍引く

明治10年早春、田原坂の戦い（3月4日〜同月20日）で薩軍は思いもよらぬ敗北を喫した。それに、約1カ月半もかけた熊本城包囲戦は結局、4月14

日、官軍の救援隊が熊本城に入り、薩軍は攻撃をやめて撤退。西南戦争の緒戦はほぼ完全に官軍の制圧するところとなった。

今から見ると、8カ月間に及ぶこの戦争の、前半は熊本城攻防戦までの1カ月半、後半はそれ以降の5カ月余と分けられる。前半の戦場は熊本県の北部に限定されていたが、後半は熊本県の南部から、鹿児島県はもとより宮崎県～大分県へと戦域が拡大し、夏から秋へかけて随所で両軍が衝突した。と言えば、いささか聞こえが良いが、実際はこうだ。官軍の圧倒的な物量作戦の前に、薩軍は次第に追い詰められて各地へ転戦、時の経過とともに衰微して行く。

以下、小誌ではポイントを絞って語るに留める。

田原坂で敗北し、熊本城を抜けなかった薩軍は5月2日、人吉に移動して本営を構える。人吉は鹿児島、宮崎を睨《にら》む戦略上の要地だ。ここで薩軍は向う2年間を見越した長期防衛戦略を策定する。熊本攻めでは〝けつまずいた〟ものの、薩軍の士気は旺盛で、桐野の采配《さいはい》がわりの青竹が陣中にビシビシ鳴る。

だが西郷は、どこか醒めた表情で相変らず多くを語らない。とは言え西郷は熊本の鎮台攻めが失敗に帰した時、自ら進んでこう口を開いたという。

「この地を去れば人気《じんき》も散乱せん。快く一戦して死を決すべし」

あの時点で早くも「決戦を敢行したらどうか」と発言していたのである。

桐野、辺見、別府らの猛者は顔を見あわせた。確かに薩軍は篠原国幹（一番大隊長）西郷小兵衛（隆盛の末弟）らを失なった（戦死）が、薩軍本隊はビクともしていない。第一、熊本城包囲戦に1カ月半もかけたのは、総大将たる隆盛に半ばの責任があった。当初、西郷小兵衛、野村忍《おし》助が「熊本に徒（いたずら）に留まらず、筑・豊・肥と長崎、小倉を早く攻略せよ」と軍議をあげたが、それは採《と》らず、さらに熊本城がなかなか抜けないことに周囲が再び「軍の半分を投入してでも城を攻め落すべし」と上申すると、西郷は「犠牲者が増えるだけ」と斥けたのであった。

結局、「決戦」を口にした西郷も〝絶体命令〟ではなかった。気迫も威厳もなかった。そこで結局、沙汰やみとなって、薩軍は人吉に一歩引くことになったのだが、この1カ月余の西郷の優柔不断さは、かつての西郷とはおよそかけ離れた面影《おもかげ》であった。軍略家としての西郷は才気縦横、神算鬼謀の采配ぶりが戊辰戦争で敵味方から驚嘆と畏敬を買ったものだった。官軍の将、山県が西郷を恐れていたのは将にその点だったが、今回の戦いではその気配が見えず、西郷はあっさり人吉に下った。そのことを知った山県は「これぞ天恵なり」と周りをはばからず喜悦にむせんだという。

西郷はこの戦争中、厳重な警護に守られて自軍のなかでも人前に姿をあらわすことは滅多になかったが、人吉に立つ直前、官軍の放った密偵が西郷の素顔をチラリととらえ、報告している。「4月22日、兵2000を従え、椎葉山を越え、人吉に行った人物がいる。よく肥っていて、齢のころ50ばかり。駕籠《かご》に乗って8人の人夫がこれをかついでいた。西郷ならん」（編纂・旧参謀本部『維新・西南戦争』）。西郷は若き島流しの時代、奄美の風土病、フィラリアに感染し、陰嚢水瘤《いんのうすいりゅう》（睾丸の腫瘍）という持病を抱え、馬に乗れなかった。

師弟、知友、親族〜血みどろの西南戦争

ひとたびは「決戦——死」を口にした西郷だったが、人吉に入ると再び沈黙を守る。警護の目を盗み、2匹の愛犬とともに山野を渉猟することは相変らずだった。ところが「2年間、持ちこたえ天下の情勢をうかがう」はずだった人吉の本営は官軍の重包囲網に阻まれ、6月1日、陥落。直前の5月29日、西郷らは人吉を出て宮崎へ向う。薩軍の長期防衛戦略は1カ月もたたずに破端したのだ。

この頃、薩軍の投降兵が増え始めた。いずれも強制的に徴募された郷士らが多くを占めていたが、薩軍にとって戦況の悪化はもはやおおい難くなって来た。

この様子を横目で見ながら、西郷の胸中には何が去来しただろうか。

「賊軍」と呼《よ》ばいながら、十重二十重《とえはたえ》に迫り来る官軍の重圧。その指揮官たちは西郷にとって、なじみの人物――というよりか、むしろ西郷が〝手塩にかけて育てた〟と言った方がピッタリの連中が大半だった。

西郷が挙兵した2月時点で、官軍は征討令に基づいて指揮官を決めた。その顔ぶれを見よう。

征討総督は有栖川宮。かの戊辰戦争では東征軍大総督であったが、彼の参謀として西郷が事実上の総指揮をとったことは良く知られる。この有栖川宮のもとに山県有朋と川村純義を参軍(司令長官)として据え、山県には陸軍の、川村には海軍の采配をとらせた。山県も川村も、西郷にさんざん世話をかけた人物である。征討第一旅団長は川村同様、西郷の世話になった野津鎮雄▽第二旅団の参謀長は野津道貫▽別働第一旅団長は高島鞆之助▽薩軍の背後を突いた別働第二旅団長は黒田清隆▽別働第三旅団長は川路利良(大警視の折り鹿児島に視察団を送り込み、西南戦争の発火点となったほか、戦争が勃発するや東北の士族を緊急採用して警察官とし別働第三旅団を編成。大久保の腹心）▽別働第五旅団長は西郷の従弟の大山巌であった。また、山県陸軍卿の留守役として後方支援を総括したのが西郷従道（隆盛の次弟）▽熊本鎮台の参謀長は、かつて隆盛の直系だった樺山資紀であった。以上、名前を列記した人物は有栖川宮、山県（長州）を除いて全員が薩摩出身者であり、他にも、例えば熊本鎮台司令官の谷干城（土佐）のように西郷を敬う者も多数いて、西南戦争はいわばそのような旧知の師弟（西郷が最年長）や親族が対決した深刻な抗争なのであった（この人事配置、大久保の差《さ》し金《がね》説がある）。

なかんずく、軍の組織系統でいえば、明治10年の西郷蹶起《けっき》の頃、西郷は日本で唯一人の陸軍大将なのであったが、今やその勢威は通じないどころか官位剥奪～賊軍の名を負わされて、日々追い立てられる有様。西郷とて人間、胸に湧く苦い泡を人知れず飲み下したに違いない。

土佐で西郷に同調の動き

歴史に「ｉｆ（もしも）」を言うのは禁句だという。確かにそうだろうが、想像してみるのは自由ではないか。単なる空想ではない。なにがしかの蓋然性がある。そう強く思わせるのが高知・立志社の存在と動きであった。

明治六年政変で、西郷とともに下野した板垣退助、後藤象二郎らは高知に帰郷して立志社を結成し、自由民権運動に取組んでいた。国会（民撰議院）開設へ――手段は剣でなくペンであった。とは言え、政府の圧制の前に運動は広がらず、見通しさえ立たない。そのような折りに薩軍の蹶起。土佐も揺れた。

「専制政府の打倒という共通目標に向って、西郷と走り出すチャンスだ」。

立志社の林有造、大江卓は熱誠をもって板垣、後藤に迫る。協同隊（熊本）の宮崎八郎の意見と通じる。ついに3月1日（明治10年）、立志社として挙兵に「社議一決」するに至る。慎重な板垣も同意した。薩軍の鹿児島出立から わずか2週間後のことだった。作戦計画では、募兵と銃器が揃い次第、軍を二手にわけ、一方は高知から徳島～紀州を経て南から大阪鎮台を攻め、他方は愛媛～岡山と西から大阪を突く―というものだった。板垣も高揚して「薩軍、馬関（下関）に押し渡らば、ともに蹶起して天下を経営すべき」と語ったという。

ところが薩軍の熊本攻めは一向に進展しない。それどころか、天王山と見られた田原坂の戦いでは薩軍が敗け、4月14日は政府軍が熊本城に入り、薩軍は撤退。ここに至って薩軍不利の戦況が明らかになった。

そうなると時勢は一挙に転換。それまで暴動の気配すら見せていた高知県下は熱湯に水を注すが如く沈静化。立志社では板垣が路線変更を宣明する。社内では当然ながら挙兵派と衝突する事態となる。政府官憲が介入して来て板垣に陰に陽にプレッシャーをかける。

立志社の社内対立はすぐに鎮静化したわけではなかった。5月中旬、同社の村松正克と藤好静が宮崎の桐野を訪れて挙兵の打合わせを行う。林有造も挙兵運動を続けていた。

「高知県、事情追々切迫」「立志社破裂の模様」――現地の密偵が、岩倉に報告した情報である。6月、村松と藤好が逮捕された。8月、林も逮捕される。林は禁獄10年の刑に処せられ、明治19年になって出獄。同23年、高知県から衆議院議員に当選。その後、政界で活躍した。

一方、薩軍を見放した板垣は自由民権運動の全国組織化に一層挺身したことは良く知られる。

村松、藤好、林の逮捕で立志社と薩軍の接点は消えた。

この小文の冒頭で、筆者は「歴史のｉｆ」について述べた。筆者はこう考えたのである。薩軍が熊本鎮台の攻撃に失敗し、撤退を迫られた時（4月14日）のこと、西郷が「快く一戦して死を決すべし」と発言したことは紹介したが、その言葉通り薩軍が決戦に出たら、勝敗はどうなっていただろうか。

熊本城の籠城兵（熊本鎮台兵）を救援したのは官軍の別働第二旅団の右翼であったから兵員は、たかだか３０００といったところか。これ位の軍勢であれば、薩軍がそれこそ「死を決する」勢いで当たれば一気に蹴散らすに十分なパワーはあり、一方の籠城兵は糧食の欠乏で死に瀕していたから、薩軍は難なく城を抜けたはずだ。だが薩軍は、その挙に出ず、勢力を温存して撤退。官軍は勝利を手にした。

仮りに薩軍が、かなりの犠牲を払ってでも熊本城を押さえていれば、高知の立志社の動きも全く別の展開（挙兵）を見せていたはずである。そうであれば…？　これから先は空想の次元になるので、やめる。

ただ、西南戦争の戦時下、高知には全国各地から民権家が集まって来ていた。河野広中《こうのひろなか》のように薩軍の勝利を喜ばない民権家もいたが、逆に東北で挙兵を企てた杉田定一《てい》のように、西南戦争を「第二維新」の機会ととらえる人物もいた。

以上は突出した高知での状況であったが、全国各地での水面下の動きは不透明だった。

ついに解軍宣言

薩軍は人吉の本営が落ちる（6月1日）と、主力を宮崎方面へ。それを執拗に追う官軍。小林（陥落7月11日）—都城（同7月24日）—宮崎（同7月31日）。中でも宮崎は鹿児島県の出先である宮崎支庁を軍務所とし、募兵や弾薬の製造、いわゆる「西郷札」の発行など、軍政の中枢機能を持たせたが、官軍の攻撃に支え切れず、薩軍は佐土原、美々津、延岡と北上。何とか回避しようとした。だが、その延岡に8月14日、終結した薩軍は、もはや弾薬も尽き、食糧も「食事は粥一杯、弁当もなしだった」と伝えられる。座して死を待つよりも、決戦を挑むべし。

この時の薩軍の兵員は約3500。最大時の10分の1になっていた。ここで初めて西郷が前線に姿をあらわした。この戦争を通して一度もなかったことである。その日の夜、各指揮官を前に西郷は野太い声で宣した。

「余、自ら先鋒を指揮し、輸贏《しゅえい》を一挙に決すべし」（『西南記伝』）。

輸贏とは「かちまけ、勝負」のこと。西郷が第一線に立ち、戦闘を指揮すると言うのだ。

それまでの作戦指揮はもっぱら桐野らにまかせ、自身は軍の奥深くに控えていた西郷。周囲もそれを当然とした。西郷は全軍のシンボルであり、士気の源であり、何よりも今回の蹶起の正当性の証《あかし》である。その西郷が銃弾にさらされることは絶対に許されない。万一のことがあれば、その時点で薩軍は雲散霧消だ。

周囲の猛反対に西郷は笑って応えなかった。とは言え、神ならぬ身の西郷、雪崩のような劣勢をはね返す秘術を心得ていたわけではない。

夜が明けて、15日。薩軍の必死の猛射も弾丸が切れて、官軍の鉄の牙が迫る。正午、飫肥《おび》隊（宮崎の諸隊）の小倉処平が重傷を負い、自刃した。開明派の惜しい人物だった。薩軍に随行して来た党薩諸隊も力尽き、12日から17日にかけて次々と投降する。佐土原隊、高鍋隊、飫肥隊、熊本隊、協同隊……。投降を、むしろ命じたのは西郷だった。解軍宣言を出す。

「我軍の窮迫、此に至る。今日の策は、唯、一死を奮《ふるい》て決戦するあるのみ。此際、諸隊にして降らんと欲するものは降り、死せんと欲するものは死し、唯欲する所に任せん」

こと、ここに至って西郷は陸軍大将の軍服を焼く。こうして維新回天の大業を果した男の矜持は九州の山峡《やまかい》に煙と消えた。同時に愛犬2匹も手放した。目をうるませて「無事に帰れよ」と。黒毛は鹿児島の家に帰り着いたが、かや毛は行方不明になったという。

奇策で脱出。九州山地を強行南下

8月17日夜、薩軍は奇策に出た。翌朝、官軍の総攻撃が伝わって、意を決したのだ。十重二十重の官軍の包囲網から脱するには、これしかない。目の前に聳える可愛《えの》岳（標高728m）の絶壁をよじ登る！　まるで、あの「義経のヒヨドリ越え」の逆を行く発想だ。闇のなか、薩軍は黙々と絶壁を登った。西郷も巨躯をゆすり、四つんばいになって取りついた。この時、西郷が「夜這《よべ》（よばい）のごとある」と言って一同を笑わせた。

払暁直前、登頂に成功。脱出し得た500余の薩兵が一丸となって九州山地へ消えた。

西郷の生け捕りを考えていた山県の落胆は大きく、「有朋（山形の名前。自分ハ、の意）与《あずか》って罪あり」と西郷従道あての書簡に記す。

宮崎、大分、熊本の3県境に近い三田井。薩軍がここに着いたのが21日。進路をどうするか。桐野は熊本城の虚を突くべし、と主張したが、西郷は沈思の末、目標を鹿児島に決定。それも九州中央山地を南下する一番の難コースを選んだ。直線距離でも150キロ。秘境椎葉のある九州の背梁部、山塊重畳として高低差の激しい蛇行した山道をこれから踏破せん、というものだ。

加えて薩兵にとっては蹶起以来、半年余の戦闘で肉体的疲労は極限に近い。とは言え薩軍は西郷の決断に沸き立った。「捲土重来《けんどちょうらい》だ」「郷里で最後の決戦だ」――とる向きはさまざまにしろ、鹿児島突入作戦が薩軍に新たなエネルギーを注入したことは間違いない。いざ決行。敗残同様の薩兵にとっては、さぞや難行苦業だったに違いないのだが、実質200キロに及ぶ山岳行を、わずか9日間で踏破。9月1日には辺見隊が鹿児島の私学校を襲撃。この日、夕刻までに、鹿児島の中心部は薩軍の手に落ちた。

薩軍は2月15日に鹿児島を出立しているから実に8カ月ぶりの帰還であった。城山に本営を構える。砲撃を避けるべく、洞窟に住まう。兵員は既に400を切っている。

岩崎谷に弾薬製造所を設ける。陸路と海路からの官軍の圧倒的な攻撃圧力に薩軍は抜刀隊を繰り出す。9月4日、中津隊長の増田宋太郎が戦死。西郷を深く敬慕し「一日接すれば一日の愛生ず」と語った、あの男だ。後に増田の薩軍参加を知った福沢は「灰吹きから竜が出た」と賛嘆したという。

城山陥落、終焉

官軍は続々と援軍を増やす。第一旅団、第二旅団、第三旅団、第四旅団、別働第一旅団、新撰旅団、警視隊…。だが、山県は短期決戦を控え、慎重に構える。可愛岳での苦い経験が疼く。

一方の薩軍。軍議がまとまらない。徹底抗戦を叫ぶ桐野。西郷は、といえば「常に肱《こう》して（腕組みをして）言わず。時ありて大笑を発し（時々、大声で笑う）、仰ぐのみ」と、相変らず寡黙のよう。辺見は「頗《すこぶ》る不平、時々西郷を睨《げい》す（にらむ）」という様子だった由（『征西従軍日誌』）。西郷の精神状態と、血気盛んな部下たちとの対比が透けてみえる場面だ。

とは言え、西郷が〝じんねりむっつり〟で過していたのか、と言えば、そうではなく、時に陣地を見回って、兵士と四方山《よもやま》話。「着服はかすりの単物《ひとえもの》にて、尻ははしょり」（脱出した巡査の記録）、西郷の好む軽口も飛び出したようだ。

9月23日、官軍総攻撃の前日、ある異変が生じた。薩軍の河野主一郎ら使

城山

者2名が官軍を訪れ、西郷一人の助命を嘆願したのである。官軍は驚き、「まずは軍門に下れ。明日午後5時までに返答せよ」と応じた。この西郷助命論は辺見、村田ら衆議は支持したが桐野は反対。西郷本人に図らずに実行されたので、事情を知った西郷は言下に否定。助命論は霧消した。

この時、山県は西郷宛ての手紙を薩軍の使者に託した。実はこの手紙、山県が熊本城での攻防戦の後に書いたものだった。かなりの長文ではあるが、山県の心境が良くわかる手紙であり、且つ山県が西郷の人物と器量をどう見ていたのか、が鮮明なので鋭意、原文に則して大略、紹介しよう（編纂＝旧参謀本部、監修＝桑田忠親・山岡荘八『維新・西南戦争』）。

「君が故郷に帰ってからすでに数年、その間、旧友の情は一日も失なったことがなかった。まさか、敵として君に相対することになろうとは思ってもみないことだった。

いま、薩摩軍が公布しているものを見れば、一、二の官吏の罪を問おうとする、たったそれだけのことではないか。これが果して義の名にあたいするといえるだろうか。

考えてみるに、君が数年にわたって育てた壮士たちは、はじめから時勢の把握、道理の識見を欠いていた。だから、よからぬ教唆《きょうさ》に慷慨《こうがい》したり、不平や怨嗟《えんさ》は一変して悲憤の殺気となり、君の名望をしても制御できなくなった。そして彼らは暴挙の名分を問えば『西郷のためにするのだ』と答え、その義を聞けば『西郷のため』と繰り返す。情勢はついに切迫し、壮士たちを死地に追いやった。そして君は自分だけが余生をまっとうすることに耐えられなくなり、その事の間違いを百も承知の上で、ついに壮士たちの上に奉られることになったのではなかろうか。

有朋は君をよく知っているが故に、君のために悲しむこと、はなはだ切なるものがある。だが、すでにここまできてしまっては、いっても益のないこと。両軍の死傷者は日に数百を数え、骨肉相殺戮《さつりく》し、朋友相食んでいる。

頼む、君は早く自らの命を絶ち、一つはこの挙が君の素志ではなかったことを証明し、一つは相互の死傷者をこれ以上、増やさぬようはかってほしいのだ。旧友として、有朋は切に君にこれを願う。どうか少しでも有朋の心情の苦しさを察してくれたまえ。涙をふるってこれを書く」

　何という冗漫で自分勝手な言い分だろう。第一、言葉遣いからして西郷を盛んに「君《きみ》」呼ばわりして、同輩扱いにしているが、山県は西郷より11歳も年下である。その彼がかつては陸軍の大先輩であり、公私の君薫を受けた（この際、山城屋和助事件のことは割引いておく）西郷に向って、「自らの命を絶ってほしい」とお願いする篤実《とくじつ》な文面であるはずのものが、まず呼びかけからして、いささか無礼の響きがある。「君」を使うなら「君侯」とすべきだ。次に肝心の文面の内容についてだが、①西南戦争の原因の矮小《わいしょう》化＝山形によれば「一、二の官吏の罪、たったそれだけのこと」（傍点筆者）となる②論理のスリ替え＝西郷が祭り上げられ暴挙に及んだ――等、山県の誤った独断と認識が指摘できる。それ以上に西郷への手紙を見る限り、山県の脳裏には、西郷の下野（明治六年政変）、有司専制批判など国政の重要問題に対する認識が全くなかったようで、この点が何とも決定的だ。このような人物が政府中枢を占めていた。とは言え、山県は後に内閣を二次にわたって組閣、国政を運営する重責を担うのである。

山県有朋内閣　第一次（明治22年12月〜同24年5月）　第二次（明治31年11月〜同33年9月）

山県からの手紙を見て、西郷は「感嘆し、死ぬまで懐におさめていたともいわれる」と前掲の『維新・西南戦争』は記す。さあ、どうであったろうか？　西郷の苦笑が目に浮ぶ。

9月23日夜。西郷は諸将を集めて、飲み、謡い、にぎやかに訣別の宴を催した。昼間の砲撃の喧騒とは打って変って、秋の虫が涼し気にすだく。標高100mの天嶮、クスの大木群が城山のシルエットを黒々と隈どる。ことなければ仲秋の観月、といきたい夜だった。

翌24日未明、午前4時。夜の闇が明けやらぬ頃、3発の号砲を合図に官軍約4万の総攻撃が始まった。攻防の焦点は岩崎谷。西郷を中心に桐野、村田、別府など幹部40余名が脇を固めるが、降り注ぐ弾雨になす術《すべ》もなし。前進する西郷も股と腹に銃弾を食らった。膝をついた西郷は傍らの別府晋介に声をかけた。「シンどん、シンどん、もうこの辺でよか」と合掌して首をさし出す。「ごめんなったもんし」。別府のくぐもった声と同時に白刃が走って、西郷の首が落ちた。

午前7時、すべては終り、攻めた第四旅団は祝砲を放った。

別府、桐野、村田、辺見…みんな銃弾に倒れた。土塁の近くの路上に肥満した死体があった。右腕の古い刀痕から西郷だと判った。だが、首がない。官兵たちは「ある恐れを抱かざるをえなかった」と前掲書『維新・西南戦争』は記す。捕えた薩兵を質し、近くの折田宅の門前に埋めてあった首が見つかった。

官軍の屍体検査書は服装を記す。

西郷　浅黄縞単衣紺脚絆《あさぎしまひとえこんきゃはん》

桐野　績縞《つむぎしま》上衣縮緬襦袢《ちりめんじゅばん》

辺見　浅黄縞縞単衣
池上　フランネルシャツ　赤色縞縞単衣

西郷は遺書も残さず、一切の釈明もせず、賊軍の名を負ったまま、部下とともに従容として死出の旅に発った。「政府へ尋問の筋、これあり」。かの板垣がいかに酷評（後述）しようが、これほどの雄弁が他にあるだろうか。戦争騒動は一応、ピリオドが打たれた。だが、西郷が言わんとしたことは単なる暗殺疑惑の究明ではあるまい。その思念は、時の政権中枢、なかんずく大久保の胸中には、重く響いたに違いない。権力側はそれを無視せんとしたが、あたかも巨石が海に沈没するが如く、必然的に条理が明らかになる。海がいかに深くとも…である。

それにしても生前、西郷が今わの際に口にした「もう、この辺でよか」という言葉は何とも意味深長に響く。彼の万斛の思いが流出したかのような言葉だ。西郷の50年の生涯は文字通り波乱万丈だった。「慎独《しんどく》」（ひとりをつつしむ＝『大学』）を座右の銘にした西郷。その最期を筆者は「慎終《しんしゅう》」（ものごとの終りを慎重にして立派にやりとげようと努力すること＝『老子』）という言葉で結んでみたい。西郷は、とかく言い分けを嫌った。

維新三傑、逝く

西南戦争が終って8カ月後、明治11年5月14日朝、馬車で出勤途中の大久保が暗殺された。実行犯、石川県士族・島田一郎ら6名は趣意書を携えていたが、そこには有司専制を強め、政治の私物化を公然と進める奸物《かんぶつ》の巨魁《きょかい》として大久保の罪条が記され、主犯の島田は取調べに対し、西郷に呼応したかったが果せなかったので大久保を倒すことに決した、と供述している。

大久保は惨殺された時、征韓論で離別する以前に西郷からもらった手紙2通を懐中に所持していた。その1通は、西郷らしい親愛の情のこもった、大久保の健闘を称える文面で、大久保がよほど大事にしていたものらしく、いつも手元に持参していた、という。それが血で真っ赤に染まっていた。享年48歳。

大久保は西郷の死を知って以来、何度となく西郷の夢に悩まされた。そのことを、あけすけに周りに語っている。時に額に汗を浮べながら…。さて、その本当の心中や、いかん。

実は西南戦争の最中に、木戸孝允が亡くなっていた。大久保の横死のほぼ1年前にあたる。明治10年5月26日、病魔に侵された。木戸は西郷の蹶起を「意外千万」としながらも、反大久保の立場から「西郷悪《にく》むべしと言えども、また憐れむべき者」と記している。享年44歳。

こうして維新三傑はすべて世を去った。それと同時に、維新回天の大きな時代のうねりも引き、明治の新たな社会建設が始まるのである。

第十章　よみがえる西郷

わずか12年後に〝復活〟

かくて、「近代日本最大の、そして日本史上最後の」内戦は終った。この西南戦争の生き残りの薩軍将兵は裁判で厳しく「罪」が問われた。

長崎に設けられた九州臨時裁判所は以下の判決を下した。首謀者・参謀クラスは斬罪22名▽大隊長クラスが懲役10年で31名▽中隊長クラスが懲役5年で126名▽小隊長クラスが懲役3年で380名▽半隊長クラスが懲役2年で1083名▽分隊長クラスが懲役1年で614名。このほか、懲役7年の判決を受けた者が11名、100日以下の懲役や除族（士族の身分から平民へ）の処分を受けた者もいたが、449名が無罪となった。一般兵士など4万3349名は免罪とされる。戦争参加者すべてが裁かれたのだ。

斬罪になった者の1人が鹿児島県令だった大山綱良である。「除族の上、斬」との判決が出た。「覚悟のうえだ」。大山は短く言った。

朝敵。明治天皇が、西郷の名さえあげず、単に「鹿児島県暴徒」と言い、征討を命じた賊軍（薩軍）は、こうして殲滅《せんめつ》された。維新第一の英傑として天皇も厚く敬慕してやまなかった西郷が、一夜にして国賊の首魁とされ、断罪された。諸行無常…の感を明治人は深くしただろう。

ところが、それからわずか12年後、西郷の賊名が払《はら》われたばかりか、正三位の官位が追贈された。明治憲法の発布に伴う恩赦とは言え、あまりもの事態の逆転劇に世人は唖然《あぜん》としたが、さらに西郷の復活劇が演出、用意された。

9年後、今度は東京・上野公園に西郷の銅像が建立されるのである（現存する、あの銅像である）。除幕式で代表して祝辞を述べた時の首相は山県有朋。西南戦争のときの現地司令官、つまり西郷を討った当事者なのであった。

これら一大奇観の語るものは何か？　実は時の権力の〝西郷取り込み〟作戦なのであった。その顛末《てんまつ》を見てみよう。意外と手が込んでいる。

明治10年（9月24日）、西南戦争おわる。同16年、西郷七回忌。元老院議員・吉井友実（西郷の旧友）と勝海舟が奔走して西郷の遺児、寅太郎（正妻の子）をドイツの陸軍士官学校に入学させる。経費は天皇の手許金《てもと》とした。

明治22年（1889）2月、明治憲法発布の大赦に伴い、「勤王憂国の士」に贈位するとして、閣議は西郷の他、藤田東湖、佐久間象山、吉田松陰の4名を挙げた。

西郷の贈位理由は①大政復古の大功臣である②然《しか》るに明治十年の反乱の罪を以て官位を剥奪された③されど今回、政事上の罪は洗い流す④よって同人の旧勲を認め、かつての位階（正三位）を贈る——というもので、西郷は反逆の罪を清算された。だがこれでは何故《なにゆえ》、西郷が罪を許されたのか、名誉回復がなされたのか判然としないが、結果はそうなった。ちなみに他の3名は正四位を贈られた。

西郷復活――上野公園の銅像

西郷の名誉回復は、さらにフレームアップされ、国民運動のかたちをとりながら盛り上げられて行く。その具体的な結果が東京・上野公園の西郷の銅像である。

西郷の旧友、吉井友実が郷友会に提案してスタート。天皇からの金一封を始め各界の約2万5０００名から寄付（総額３万2０００円余り）を集め、高名な彫刻家の高村光雲に製作依頼した。

明治31年（１８９８）12月18日、上野公園で行われた除幕式は壮観だった。時の首相、山県有朋以下の閣僚、関係者多数が参列。冒頭、山県は祝辞で、西郷の維新の大業を称え、往時、国事の教えを受けたことなどを回想しつつ、西郷との離別を嘆息した。

式典の主《おも》だった顔ぶれは、いずれも西南戦争では官軍の総帥《そうすい》クラスであった。首相の山県有朋は陸軍の司令長官▽銅像建設委員会の委員長、樺山資紀は熊本鎮台の参謀長▽除幕委員長の川村純義は海軍の司令長官――といった具合。彼らの挨拶は西南戦争の話題を避け、列席した勝海舟にも配慮して、江戸城の無血開城など過去の栄光を並べてみせた。

音楽隊の演奏にあわせて、西郷の弟・従道の娘の櫻子が幕を引く。会場から「あっ」と、どよめきの声。そこには誰しも予想した「陸軍大将　西郷隆盛」の、いかめしい軍服姿ではなく、着流しの兵児帯に草鞋《わらじ》ばき、愛犬を連れた「おなじみ」のあの西郷像が立っていた。ただ、眼光炯炯《けいけい》として、江戸の鬼門の地（上野公園）から皇居方面を見守る。

飾らない大らかな人柄、庶民の好む新たな西郷スタイルが誕生した。同時に逆賊の暗いイメージは払拭され、晴れて復活した維新・勤皇の英雄は以後、さまざまな時代の輿望《よぼう》を担っていく（と言うより〝担わされていく〟と言うべきだろう）。

上野の除幕式から4年後、西郷の長男、寅太郎は亡父の功によって侯爵に叙せられた。この叙位の1年半後、日露戦争の開戦。生前、対露問題を重大視していた西郷が軍神として、守護神として〝登場〟するのは言うまでもない。

権力側はもちろん、世間一般も救国の英雄を必要としていた。その根は広く、深い。

「実は西郷どんは死んでいない」。それを信じる各層が当時、多数いた。

西郷星、生存説

西南戦争のフィナーレは城山での官軍総攻撃で西郷以下、薩軍の諸将が揃って戦死——当時の新聞は号外を出し「薩賊残殲《ざんせん》の吉報」「国敵の滅亡を祝せん」などと大々的に報じた。

まさに「巨星、墜《お》つ」。ところが一部の新聞が「西郷の首級見当らず」と書き立てた。「天に西郷の星ありて、地に西郷の首なし」「なにか薄気味悪しき心地《ここち》こそすれ」（明治10年9月27日『朝野《ちょうや》新聞』）。

この星は世に「西郷星」と呼ばれた。毎夜2時頃、南東の空に「赫色《かくしょく》」の星が現われ、望遠鏡で見ると軍服の西郷が見える——というのだ。噂は人気の錦絵となって広まったが、実はこの星、火星であった。

一方、それから数年たつと「西郷は海外に逃げ、生きている」といった生存説が実《まこと》しやかに語られるようになる。極《きわ》めつけは明治24年（1891）3月、ロシア皇太子ニコライの来日に際し、シベリアにいた西郷が随行して帰国するという噂だった。このことは、黒田清隆がヨーロッパ視察の際、西郷と面会して約束をとりつけた、というおまけ話も加味されて、多くの報道がなされた。

当時、ロシアのシベリア鉄道の建設が決定し、その起工式（同年5月、ウラジオストクにて）への出席に先立って、皇太子ニコライが来日する予定なのであったが、このロシアの南下政策は新たなロシア脅威論となって、日本国内の懸念を高めていた。

「西郷なら、どうする」。西郷の帰国話がにわかに現実味を帯びて来て、多くの識者も参加。話題は西郷生存説の真贋から現実の政治批判（条約改正、政党、汚職）、果ては清廉《せいれん》な政治家への期待にまで及んで、ただならぬ国民議論となった。

結局、西郷は帰国しなかったが、西郷に仮託する国民各層の想いは以後も事ある毎に湧き出すのである。

来日した皇太子ニコライが警備中の巡査、津田三蔵に斬りつけられ、負傷するという有名な大津事件が起きた。津田は犯行動機として、ニコライは日本を侵略する偵察に来たと思ったと自供した。この津田は既に紹介したが、西南戦争で官軍の別働第一旅団に属していた。


西郷に「何か」を期待したのは他にも大勢いた。庶民からインテリ層、また国粋主義的な思想グループまで、それこそ「党派」「所属」を問わず広範に及んだ。頭山満や内田良平、荒尾精といった大アジア主義者や大陸浪人の間でも西郷の熱心な信奉者を生んだ。１９３０年代に入ると、日中戦争の長期化で軍国主義者からも積極的に祀られることになる。

いずれも本人（西郷）の与《あずか》り知らぬところで解釈、信奉され、やがて敬慕の情で、語られる。西郷の人気は一種の化学反応のように時代と立場によって変遷を経て来た。

その国民的人気度は、おそらく、英雄といわれる歴史上の人物の中でも一～二を争うのではないか。今日、なおそうである。いわば時代とともに西郷像が変わるのだ。考えてみれば、これは不思議なことではないか。それほど西郷隆盛という歴史事象が多くの解釈を許容する、ということか。

その西郷も、こと西南戦争に関しては評価が大きく分かれる。最大の理由が「大義名分なき挙兵だった」ということだ。それは一つに、薩軍が出立した際の『通告文』に「政府へ尋問の筋あり」とだけあって挙兵の具体的理由が何も明記されていなかったことを指す。一体、何のための蹶起だったのか？江藤（佐賀の乱）も神風連も前原（萩の乱）も、挙兵の理由（政治批判）を書き並べた。

（西郷が、あるいは薩軍が）暗殺疑惑を政府に「尋問」するために、と言うのなら、それは私憤を晴らすくらいの卑小な行為に過ぎないではないか、と「大西郷」の心根を怪しむのである。

呵責《かしゃく》なき西郷批判――板垣退助

この批判の代表格が板垣退助で、彼は新聞紙上で、かつての盟友ながら西郷を、いささかの遠慮もなく弾劾《だんがい》する。「今回の挙たるや、大義を失い名分を誤り、実に賊中の賊なる者にして、前の江藤、前原が輩より数等の下級に位せり。わずかに自己の私憤を発洩《はっせつ》せんとして人を損じ、財を費し、而《しこう》して逆賊の臭名《しゅうめい》を万載《ばんさい》に流すとは吁何《ああ》の心ぞや」（明治10年6月20日付『東京曙新聞』）（傍点・筆者）。この板垣の発言、まるで罵倒《ばとう》だ。6月20日の紙面だが、6月1日には薩軍の人吉本営が陥落している。既に紹介した通り、板垣は民撰議院設立のために政府とは「ペンで闘う」ことを旗幟鮮明《きしせんめい》にしており、その十二分の計算の上に立って板垣の、政府筋や一般民衆に向けての強いアピールなのであった。

西郷を熱烈支持――福沢諭吉

これに対し、福沢諭吉は西郷支持を明白に示す。西南戦争の直後に執筆した有名な『明治十年丁丑《ていちゅう》公論』だ。西郷の死後、その精神や事の真相が後世に失われることを恐れて書いた、とされる（だがこの著述、公刊されたのは明治34年になって、で福沢自身、当時は世間を憚《はばか》って秘していたと語る）。福沢はこの著述で西郷について、西南戦争という手段に踏切ったのは反対だが、「（時の政府の）専制政治に対する抵抗の精神は本質的に同じ立場」と強く弁護する。さらに福沢は、西郷が筆頭参議として留守内閣をリードした時期の進歩的、民主的な政策遂行（第六章参照）を高く評価している。啓蒙思想家、福沢はかねて「個人の独立自尊」を説いてやまなかったが、往時の社会・政治状況について「わが国は文明の虚説に流され、国民は抵抗の精神を失ない、専制政治を横行させている」と嘆いていた。

福沢と西郷、両者は面識は無かったが双方、尊敬の情が厚かったようで福沢は西郷を「予の最も欣慕《きんぼ》する人物」と呼んでいる。西郷は『西郷南洲遺訓』の中で「みだりに外国の盛大を羨《うらや》み、利害得失を論せず、家屋の構造より玩弄仏《がんろうぶつ》（おもちゃ）に至るまで、一々外国を仰ぎ、奢侈《しゃし》の風を長じ、財用を浪費せば、国力疲弊し、人心浮薄《ふはく》に流れ、結局（日本は破産する）」と警告している。このあたり、「文明の虚説」を衝《つ》く福沢と共鳴する点であろう。西郷は私学校の生徒に「これを読め」と福沢の著書「学問のすゝめ」や「文明論之概略」等を盛んにすすめている。

大久保、西郷を切捨て。挙兵を待つ

話を戻す。これまで再三、「大義名分」ということが問題にされたが、そもそも大義名分とは何か。「行動の理由づけとなるはっきりした根拠」とある（広辞苑）。西南戦争で蹶起した薩軍の『通告文』に、それが無いことは周知の通りで、薩軍はその後も一切、表明せず（表明しようとの素振りさえ見せず）、城山で玉砕して果てた。

だからと言って、それだけで薩軍に蹶起の大義名分が「無かった」とは言えまい。この際、「紙に書き付けてなかった」云々は表面的な理由で、論外だ。薩軍の先鋒が鹿児島を出立したのが2月15日。熊本鎮台からの出兵と薩軍先鋒が熊本の南西7キロの川尻で衝突したのは2月21日。この間、丸5日間もある。その間、政府から薩軍に挙兵の「名分」を聞くため詰問使を立てるなり、あるいは単刀直入に大久保が西郷に直接尋ねるなり、何らかのコンタクトの方法があってしかるべきではなかったか。実は何もなかった。いきなり両軍の交戦である。これは不可解だ。

よしんば薩軍の出立時の『通告文』が「今般、政府へ尋問の筋あり」とあるだけで意味不明なのであれば（実際、その通りなのだが）、まずは真っ先に西郷に尋問してみるのが筋、というものであろう。何しろ西郷は出立時にはまだ、現役の陸軍大将なのであったから。いわば「敵」ではなく、まだ政府の「身内」なのであった。それどころか〝生みの親〟であった。

ここで改めて、大久保の伊藤博文あての書簡、「（西郷の挙兵は）不幸中の幸と、ひそかに心中に笑みを生じ候」（前出）が思い浮ぶ。西郷の境涯にきわめて批判的だった井上清（前出）でさえ、この書簡を「挑発の成功に薄気味悪い笑を浮べている。これこそ冷酷非情の絶対主義官僚の心情の典型である」と評している（『前掲書』）。大久保は西郷の挙兵を待っていたのだ。そうであれば、なおさらの事、銃火の対決は避けられまい。大久保は自分の望む絶対主義・官僚国家の建設に当り、思想信条の異なる西郷を切り捨てることにしたのだ。彼のその思い立ちは、明治六年政変で西郷が下野した頃からと思われる（後述）。西郷の下野から西南戦争に至る3年余、西郷と大久保は手紙のやりとりさえ絶えていた。

明治10年頃までの政府批判は、政策批判はもちろんだが、政権批判も根強かった。つまり、政策批判（地租改正、秩禄処分、征韓論、不平等条約など）と政権批判（有司専制《ゆうしせんせい》、奢侈《しゃし》、汚職など）である。中でも有司専制（有司とは官僚のこと）については明治六年政変で下野した板垣らが強く批判。明治7年（1874）に提出した民撰議院設立建白書で「あろうことか、政権が独《ひと》り有司に帰す」と指弾したように、有司専制という言葉は自由民権派が政府を非難するスローガンとして使われ、専制政治の代名詞（つまり官僚支配）ともなった。この有司専制の生みの親こそ大久保である。さらにこの時期、政府は大久保（内務卿）を軸に、大隈重信（大蔵卿）、伊藤博文（工部卿）が提携して殖産興業、地租改正、秩禄処分などを強力に推進し、事実上、大久保首班内閣なのであった。

西郷の涙

政権批判はまだ他にもあり、根強く、広い。それは政府高官が絡む「奢侈、汚職」問題で、「御一新」に期待した庶民は眉を顰めた。「汚職」については山県有朋が絡んだ山城屋和助事件や井上馨の尾去沢銅山問題などが世間に知れわたった（既に紹介）が、「奢侈」についても社会の反感は強かった。政府高官の多くが宏壮な邸宅を構え、御者付きの馬車で往来という豪奢な生活ぶり（それは大久保とて例外ではなかった）。それを臆面《おくめん》もなく見せつけて憚《はばか》らない無神経さ。

ほんの10数年前まで、彼ら高官の多くは「田舎《いなか》侍」「イモ侍」あるいは「三一奴《さんピンやっこ》」などと呼ばれ、侮《あなど》られていたものが、今や栄耀栄華《えようえいが》を謳歌《おうか》する成り上り者に。庶民の「御一新」に対する期待と失望の落差こそ社会不安の土壌となるのだが、大久保は、そういうことは気にも止めない。だが、西郷はそうではない。「西郷は元来、きわめて細心、潔癖な人。清濁あわせのむタイプではない」（作家、海音寺潮五郎）。政府筋の腐敗が話題になるにつけ、西郷は「何のための明治維新だったのか」と、時に涙したと伝わる。

以上の話は単なる伝聞ではない。西郷の肉声とでも言うべき証拠がある。それは、よく知られる『西郷南洲遺訓』（山田済斎編）という本（以下『遺訓』と略す）の中で如実に語られる。

この本は、明治3年秋、庄内藩の前藩主、酒井忠篤が藩士と共に鹿児島入りし、西郷と面談。約4カ月間、西郷が折りにふれて語ったものをまとめたものだ。戊辰戦争で庄内藩は西郷率いる官軍と闘ったが、その時の寛大な戦後処置に庄内藩はあげて感謝。以後、西郷を敬仰すること、しきりだった。そのため、『遺訓』は西郷の発する言葉を、それこそインクの吸取紙のように書きとめている。そこには西郷の人生観、世界観が率直に語られ、あるいは西郷の人格、識見が窺えるなど、類書を見ない内容となっている。

さて、『遺訓』の中で西郷は維新政府について以下のように語っている。少し長いが全文、紹介しよう。

「萬民の上に位する者、己れを慎み、品行を正しくし、驕奢《きょうしゃ》を戒め、節倹《せっけん》を勉《つと》め、職事に勤労して人民の標準となり、下民その勤労を気の毒に思う様ならでは、政令は行われ難し。然《しか》るに草創《そうそう》の始《はじめ》に立ちながら、家屋を飾り、衣服を文《かざ》り、美妾《びしょう》を抱え、蓄財《ちくざい》を謀《はか》りなば、維新の功業は遂《と》げられ間敷《まじく》也。今となりては、戊辰《ぼしん》の義戦《ぎせん》も偏《ひと》えに私《わたくし》を営みたる姿に成り行き、天下に対し戦死者に対して面目《めんもく》無きぞとて、頻《しき》りに涙を催《もよお》されける」

最後の一行の「頻りに涙を催されける」だが、この文全体が「聞き書き」のため、「頻りに涙を」流したのは西郷であることは言うまでもなかろう。

西郷は、政府要人が奢侈《しゃし》に耽《ふ》けり、妾を抱え、蓄財を謀ることに真底怒っているのだ。この庄内藩士との会見に先立つ少し前、明治3年7月、西郷と親しかった薩摩藩士、横山安武は政府に抗議して切腹した。理由は「朝廷ノ百官遊蕩驕奢」。西郷は横山の行動に熱い共感を覚え、横山を深く憐んで長文の碑文を作った。ちなみに安武は森有礼の実兄である。

また、別の庄内藩士は西郷の言葉として「朝廷の御役人は、月給を貪《むさぼ》り、大名屋敷に住み、何一つ仕事が出来ず、悪く言えば泥棒なり」と痛罵したことを記録している（猪飼隆明『西郷隆盛』）。

これらの文を見るだけでも、西郷の精神性が良くわかる。西郷が新政府に何を期待し、自分なら何をなさんとしたか、が窺い知れるのである。西郷42歳。気魄充溢の日々であった。このあと西郷は参議として政府入りする（明治4年）のである。

それから8年後、西郷は「政府へ尋問の筋あり」と立つ。ここまで見てくると「尋問」の内容が、どういうものだったのか、大方の予想がつこう。大久保の胸には重く届いたはずだ。

西南戦争が平定された翌年5月、既に紹介したが、大久保が暗殺された。

犯人らの斬奸状《ざんかん》は、その理由としてまず「西郷の暗殺疑惑を解明せず、反乱として攻め滅した」ことをあげ、次いで①政治を私した（有司専制）②汚職の横行③国家の浪費④対外的国権の失墜――の5項目を並べている。

時の大久保政治に対する世の批判が、どの辺にあったのか、よく窺える内容である。少くとも西郷の政治理念に照らして対極にあるのが大久保政治であった、とは言えよう。

下野した西郷が、政府のやり方を「実に天理において恥ずべき所為だ」と強く批判した出来事があった。明治9年の日朝修好条規の成立(前記)である。少しおさらいをすると、明治8年、日本は江華島《こうかとう》事件（日本軍の朝鮮・漢江での挑発事件）を起こし、それを理由に翌年、日朝修好条規（朝鮮にとっては不平等条約）を結んで朝鮮を開国させたのだが、この無理押しなやり方を、西郷は「天理において恥ずべき」と批判したのである（『篠原冬一郎（国幹）宛書簡』より）。

江華島事件は西郷にとって一再ならずの政府の〝裏切り〟行為であった。

まず、台湾出兵。明治7年、日本は台湾に出兵。理由は、琉球の船が台湾に漂着し乗組員が殺害されたこと。大久保は清と交渉、日本は多額の賠償金を獲得した。

次に、江華島事件。明治8年。前に触れた通り、日本軍が朝鮮を攻めに行った。

以上の2件は、いずれも軍隊の派遣で行われた。明治六年政変は征韓論を巡り、「内治優先」の大久保派と「征韓論」の西郷派の対立が引金になったが、双方の最大の齟齬《そご》は軍隊の派遣について。「軍隊派遣は無理」と大久保。「軍の派遣より、まず使者の派遣を」と西郷。その辺のいきさつは本書で述べた通り（第七章参照）だが、結局、政変で西郷たちが去った閣内にあって、大久保主導のもと、明治6年の政変の翌年と翌々年という短期間に、立て続けに軍隊を海外に派遣したのだ。この一点だけからしても、大久保の「内治優先」がペテンであったことが判る。それは西郷や板垣にとって〝裏切り〟以外の何ものでもなかっただろう。特に西郷にとってみれば、自身の朝鮮派遣が二度も閣議決定されていたこともあって、大久保にぜひ問い糾したい点であったに違いない。だが両者は会うこともなく、幽明境を異にした。

そして、既に述べたように、天には西郷星が輝き、地には銅像が建って、西郷の思想信条は次第に人口に膾炙《かいしゃ》した。すると、空から降った水が自然と地にしみるように、深く静かに、しかしながら地下から熱水のような反応があって、世人を心底、驚かせた。高名なキリスト者が西郷を厚く尊崇する、と表明したのである。儒教的教養人とは言え、政治・軍事という世俗の世界に住んだ西郷を、である。

内村鑑三《かんぞう》。西南戦争の時、16歳。若くしてキリスト教に入信し、教育勅語への敬拝を拒み不敬事件を起す。明治〜大正時代のキリスト教の代表的指導者だが、無教会派・非戦論者。彼は著書『代表的日本人』の中で、西郷を一番目に取上げて紹介。明治維新について、西郷は理想を求めたものの、その「遠大な目的の達せられなくなったことに失望した結果」、蹶起したのだと述べ、西南戦争の名分を代弁する。しかし、その敗北と西郷の死によって「武士の最大なるもの、また最後の（と余輩《よはい》の思う）ものが、世を去った」と長嘆息したのである。

内村は西郷の『遺訓』にある次の言葉に感服した。「人を相手にせず、天を相手にせよ。天を相手にして、己れを尽くして人を咎《とが》めず、我が誠の足らざるを尋ぬべし」▽「己れを愛するは善《よ》からぬことの第一なり」。このような言葉を発した西郷を、内村はキリスト教の聖徒の例を引き、称えた。新渡戸稲造も、西郷を熱く敬慕した。

もう一人、紹介しよう。中江兆民。土佐の人。西郷より20歳年下。自由民権運動の急進左派で、政府の専制政治を激しく攻撃。「東洋のルソー」と呼ばれた。親交のあった勝海舟から西郷の人物、器量を知り、関心を持つ。虚飾や欺瞞を嫌い、妥協を排す性格の彼は一度は西郷を擁してクーデターを考えたほどだったが、面識の機会がなかった。

彼は第1回衆議院選挙（明治22年。１８８９）に出馬、当選したが、政党間の駆引きで土佐派の裏切りに憤激して辞職。その時、衆議院を「無血虫（冷酷な人間ども）の陳列場」と罵《ののし》ったことは今も語り草だ。

彼は西郷亡き後も終生、思慕の情を持ち続け、時に深く慨嘆《がいたん》したという。

時移り、世変り、西郷の同時代人も逝く。西郷人気も時代と共に浮沈と変遷をたどる。虚像と実像の間を幾重にも漂いながら。

昭和20年（１９４５）、太平洋戦争が終る。敗戦で打ちひしがれた日本に欧米流の価値観がドッと流入し、大日本帝国は天皇絶対制もろとも崩壊した。同時に、それまで軍国主義の守護神だった西郷も一気に英雄としての光輝を失ない、上野公園の西郷像は（戦時中の金属供出を免れていた）単なる観光名所と化した。

戦後の歴史学界では、西郷は「所詮《しょせん》、彼は反動的な皇国主義者だった」と否定的に評価されるのが一般であった。だが、歴史の闇に沈むことはなく、庶民の間の西郷人気は今も不動の地位を保っている。

第十一章　敬天愛人～ある西郷論

西郷隆盛という人物は、その存在感の大きさに比べ、よくわからないことが多い。言葉だけでは良く語れないのだ。その謎の一つが西南戦争だろう。多くの指摘があるように、自滅を招いた（おそらく本人には判っていた）この戦争の「名分《めいぶん》」を掲げなかっただけでなく、一切の釈明もせず（その機会はあった）、沈黙を守ったまま、万余の人士（敵も味方も）を巻込んで、あの世に旅立ってしまった＝この短文の中でも、これだけの補注がいる＝。

謎の理由は、彼の「言動」が矛盾に満ちていたからだろう。ある人はそれを嫌い、ある人は「さすがは大西郷」と誉める。例えば西郷は、鳥羽伏見の戦いを前にして「尊皇攘夷は倒幕の口実だ。討幕のあとは外国と大いにつきあうが良い」と語ったことがある。聞いた方は腰を抜かさんばかりに驚いた。

本意か？「尊皇と攘夷」は密接不可分の倒幕スローガンではないか。

だが、西郷のその前後の行跡を見ると、さもありなんと思えるのである。西郷は聖書を求めて、耶蘇《ヤソ》教と西洋人の思想を知ろうとしたことがある。盲目的なショーヴィニスト（排外的な愛国者）ではなかった。

わかりにくさの二点目。政治家、軍事家の西郷を仁政《じんせい》主義者だと称える向きがある。「なさけ深い軍政家だ」と。半分はそうも言えるが、半分はそうではない。戊辰戦争が終って庄内藩に対する温情措置については本書で前に触れたが、一方で倒幕運動下の西郷の数々の処断は、暴力革命さながらであった。王制復古クーデター（小御所《こごしょ》会議）から始まり、鳥羽伏見の戦いで戦端を開き、五稜郭の戦いに終る戊辰戦争の間、さまざまな密謀《みつぼう》、撹乱《かくらん》工作、奸計《かんけい》、謀略《ぼうりゃく》が図られ、非情なる武力行使も断行されたが、その中心に武力倒幕を進める西郷がいた（大久保、岩倉は宮廷工作の専従であった）。まさに「目的のためには手段を選ばず」なり。江戸の薩摩藩邸焼打ち事件などは好例だ。西郷の巧妙な撹乱工作にのせられて幕府側が薩摩藩邸を焼打ちにし、鳥羽伏見の戦いとなった。西郷の狙い通りに。そして戊辰戦争へと拡大する。

この戦争の合間、江戸城の無血開城という牧歌的シーンが西郷の勇断で実現したが、その一方で西郷は、ひたすら自己保身に走りまわる将軍慶喜に対して切腹を求めるなど断固たる態度に出た。西郷が、あの慶喜に対して、である。かつて、主君斉彬が存命の頃、慶喜を擁して「日本を改革せん」と身命を賭した西郷が、事情によっては無慈悲な処置をとる。革命家、西郷に仁政主義者の面影はない。血をも厭わないのであった。

ところが後日、晩年の慶喜がわざわざ鹿児島まで出向いて西郷の墓前にぬかずく、という出来事があった。西南戦争の後、朝敵の汚名を消された西郷の、自宅の墓が改葬された際、慶喜が葬儀に参列したのである。慶喜も何か心に引かれるものがあったのだろう。

みる人、接する人、知る人によって西郷の人物像は大きく変わる。それは同時代人であれ、後世の人であれ、また、偉人であれ、我々のように凡人であれ、そのようである。これまで実に多くの人々が西郷の本を書き、感想を述べ、関心を寄せる。ある人は熱く語り、ある人は冷淡に評する。落差があり、温度差が大きい。千差万別だ。それらは輝星あり、ガス星雲あり、ブラックホールありの巨大な渦巻き星雲に似て、あまたの西郷論はさながらコスモロジーの観をなす。

維新三傑といわれた大久保、木戸の西郷評はどうか。大久保については本書で再三述べた。木戸は複雑な思いだったようで、西郷の挙兵（西南戦争）を知ると「いかにも残念至極」と驚きつつ、一端の理解を示した（既述）。しかし、西郷が私学校経営で鹿児島を固めると「まるで独立王国だ」と強い非難に転じた。事実、鹿児島は県下の租税をほとんど中央にあげず、藩制時代の士族独裁がまかり通っていた（この責任を一人、西郷に問うのは酷であろう。島津久光がいたから）。

木戸は西南戦争の帰趨《きすう》を見ずに病没したが、戦時下のメモに「隆盛　汝国《なんじ》家の功臣を以て大将の重寄《ちょうき》を負い…」とあり、以下は空白だった、という（小川原正道『西南戦争』)。いかにも憂悶《ゆうもん》の士らしい最期だった。

西郷の話に戻す。人は、西郷のどこに魅《ひ》かれ、あるいは反発するのであろうか。

よく知られているように、坂本竜馬の釣鐘《つりがね》論が思い浮ぶ。竜馬は初めて西郷に会い、いささか当惑気味に勝海舟に語った。「(かの人は)大きく打てば大きく響き、小さく打てば小さく響く、釣鐘のような人物だ。馬鹿ならば大馬鹿、利口なら大利口だろう」。

これほどの人物評を吐けるのも並の人物ではない。まさに「人、ひとを知る」だ。打つ人の器量、力量、また感度に応じて鐘は響く。

要は打つ人次第、か。そこに西郷という存在の計り知れない大きさがある。同時代の言論人、三宅雪嶺は「西郷の性格は単純なるごとくして最も複雑、複雑なるごとくして最も単純」と評した。これも実に正鵠《せいこく》を射る。筆者は、この小文の冒頭で「西郷の言動は矛盾に満ちている」と書いたが、それは底の浅い解釈で、単なる「矛盾」ではなく「複雑」と言った方がより妥当かもしれない。「複雑で矛盾に満ちた人物」、だが「単純」だ。この場合、三宅の「単純」とはひとつの人格的まとまり、つまり個人を意味し、「巨魁《きょかい》」ないしは「巨星」ととりたい。他方、「矛盾」については、こういう説明もある。「矛盾とは運動であり事物であり、過程であり思想である」。日中戦争を熾烈《しれつ》に闘った毛沢東の『矛盾論』にある言葉である。武人、西郷のイメージに重なる。

以上、勝手気ままに解釈してみたのだが、どうであろうか。と言っても、これで西郷像が鮮明になったとも思えない。結局のところ勝海舟が言い放った言葉――「西郷ほどの大きな人物でなければ彼を理解することはできぬ」――が立上って来るのである。

そうかもしれない。しかし、そうばかりでもあるまい。現に、時代を超えてこれほど多くの西郷ファンがいるではないか。その大部分は私たちのような一般人（平均的民衆）であろう。彼等の西郷イメージを単語風に言えば、至誠、正直、公平、無私、恬淡《てんたん》と言ったところで、それに胆力を特筆しようか。

さらに西郷像を探ってみよう。先ほど、西郷の政治理念を仁政《じんせい》主義（民衆になさけ深い政治主義）と言ったが、これには徳治《とくち》主義（道徳または仁に基いて行う政治）も付け加えるべきだろう。ともに儒教から来る政治思想で、西郷の人格形成は儒教に深く負った。「仁」と「義」という言葉を尊ぶ。

西郷にとって、政治を行うとは何であったか。「天道を行うものなり」と回答している（『遺訓』）。次いで「いささかも私（事）をはさんではいけない」と語る。その西郷が同時に、非情なる武断主義者でもあったことは既に見た。これは西郷の信念でもあったらしく、おもしろいことを言っている。「義（道理）を尽すのが政府の本務だ。平日、経済のことに強く、いかなる英雄豪傑かと見ていた人物が、血の出ることにのぞめば、ただその場しのぎ。戦の一字を恐れ、政府の本務を（怠るのは）商法支配所で、政府ではないぞ」（『同』、傍点は西郷の言葉）。

他方、ふだんの西郷は飾らず、人なつっこくて話好き、人情話には涙もろく、ユーモアがあって下ネタで人を笑わせた等々――と伝わる。ある人は屈託ない西郷の性格を「五月の鯉の吹流し」と評した。「ハラにいちもつも無し」と。このように、いろいろな顔を持つ西郷。是非善悪の原則には厳しいが、かなりの現実主義者でもある。このことは、一例として汚職問題で政治生命の岐路に立った山県有朋を西郷が救ったケース（前出）を挙げておこう。西郷の魅力――それは、このような「(巨大な)あいまいさにある」との指摘もある。これもうなずける。

さて、いささか「西郷礼賛」が加熱気味なので、少し水を注そう。大隈重信の西郷評は板垣同様、礼賛の対極にある。西郷と大隈は参議時代の同僚であるが、大隈は西郷より15歳下。両者は、とかくソリがあわなかったようで、かえって大隈の西郷評は参考になる。

「(西郷は) 時代はずれのウドの大木。征韓論の遣韓使節の件も、すべてに行き詰った哀れな西郷が死に場所を望んだだけのことだ」(『大隈伯昔日譚』)。

因みに大隈は三菱と組み、西南戦争で軍事輸送にあたった三菱を助成するなど、以後、親密な関係をもったことが有名だ。

何か別の角度から西郷の「ひととなり」を探る方法はないものか。所詮《しょせん》「群盲《ぐんもう》象を撫でる」の譬《たと》えを承知で筆者なりに懸命に考えてみた。維新回天の同時代に生きた、いわゆる維新三傑と言われる人物の特色を言葉で対比して見てみたら、どうだろう。例えば大久保。彼のイメージは、すぐ「冷徹」という言葉が思い浮ぶ。一語だけでは難しいので、対比語をもう一語、捜してみた。木戸は、西郷は…。なかなか難しいが、反面、おもしろい。結局、浅学菲才の筆者の独断で次のように決めた。

維新三傑の性格

西郷　木訥～寛容　享年（50）
大久保　冷徹～決断　同（48）
木戸　理智～一徹　同（44）

異論もあろう。少し説明する。まず西郷だが、「木《ぼく》（朴）訥《とつ》」を上げた。これは論語（子路）の「剛毅木訥近シレ仁ニ」を思い浮かべた。当然「剛毅」の意を含ませた「木訥」である。西郷にふさわしいと思う。大いなる単純、だ。木訥（朴訥とも。純朴の意あり）を思わせるエピソードがいくつかある（いずれも『遺訓』に逸話として記載）。

①西郷が徳之島に流された時（36歳）のこと。一老婆が西郷に言った。「そなたは二度の遠島と聞く。さても怠惰者《なまけもの》かな。とくと改心して一日も早く赦免《しゃめん》せらるるようにせよ」と。西郷は顔を赤らめ、その厚意を謝した。

②西郷が政府の要人であった頃、ある人物が「就職先を」と頼みに来た。西郷が「俸給はどれ位を望むか」と問うと、その男は「三十金ほしい」と答えた。西郷は、その場で三十金を懐中から取出して男に贈った。男は恥じて立去った。

③西郷が参議を辞し、鹿児島の自宅で百姓をしていた頃。ある日、糞桶《こやしおけ》を運んでいたら、一人の侍が西郷を呼び止め「下駄の鼻緒が切れた。なおせ」

ときた。西郷は「ハイハイ」となおしてやった。後日、この話が出て、その侍は驚き、謝ったが、一同、大笑いで終った。

一方の「寛容」は西郷の人柄として広く知られる。

次に大久保。決して温情に溺れない。頭脳のシャープさと実行力が「冷徹」で、意志の固さと強さが「決断」だ。

木戸は勉強家で時事に明るく、「理智」としたが、半面、理屈が立ち過ぎて偏狭の気味あり。子分の伊藤博文は「木戸公は（心が）広く大きくなかった。むしろ狭い方だった」として大久保についた。だが、木戸には純粋なところもあり「一徹」とした。

以上、どうだろう？三者三様の特色が窺えるのではないか。言葉も人も、他者との対比・対照で輪郭がハッキリする。

おもしろいことがある。西郷と大久保の人間的な違いについて考える一材料である。西郷に「あなたは文人か、武人か」と問うたとすると、西郷は「武人だ」と即答したに違いない。彼の私的メモ（敬愛する佐藤一斎の『言志録』

より抜き書き）の中に次の文がある。

「歴代帝王、唐虞《とうぐ》（尭《ぎょう》と舜《しゅん》の時代。中国史上の理想的太平の世とされる）を除くほか、真の禅譲《ぜんじょう》なし。商《しょう》（殷《いん》のこと）周《しゅう》以下、秦漢《しんかん》より今に至るまで、およそ二十二史、みな武をもって国を開き、文をもってこれを治む。よって知る、武はなお質《しつ》（中味、根本の意）のごとく、文はすなわち、その毛彩《もうさい》（小さな飾り）にして、虎豹《こひょう》（虎《とら》と豹《ひょう》）犬羊《けんよう》（犬と羊）の分かるるゆえんなると。

今の文士、それ武事を忘るべけんや」

このメモにより、西郷が国づくりの根本は武をもって成す、と考えていたことが判る。西郷自身、他人に向って「御存知の通り、(私は) 軍《いくさ》好き」と語ったことがある。

若い頃、刎頸の友とされた大久保は、典型的な文人だ。よって後年に至り、国家建設をめぐって、西郷と大久保の根本的対立が表面化した、とも取れよう。

大久保は明治国家の建設に、ヘゲモニーを握ることを第一とした。故に邪魔ものは徹底的に排除する計略を立てた。衆議ハ無用、己ノ意ヲ通スベシ。かくて、西郷は排除の対象となった。大久保は武力を用いるに、権力を切望した。文人たる証である。且つ鞏固なる独裁者（権力者）たらん、と欲した。

一方の西郷は、武人ではあるが、時おり頭をもたげる温情主義が冷徹非情なる武人たることを妨げた。その点、同じ武人ながら、長州の大村益次郎とは好対照である。彼は維新討幕の軍略家として、西郷と並び称されるが、大村の方が一枚上との評価もある。それはそれとして、大村は「血をみること厭わず」の才略家であった（医者であったせいか？）。

西郷の本性が「木訥〜寛容」だったとして、「それがどうした」と読者の反発の声が聞こえそうである。だが、緊急時、非常時に於てこそ、その人の本性があらわれる。そう、筆者は西南戦争下に於ける西郷の精神状態を探ってみたいのである。戦争を通して、「沈黙の将」に徹した西郷だったが、見て来た通り、これはどうも〝西郷らしく〟ない。何か、ネガフィルムを見ている印象だ。人生最後の8ヵ月間を、西郷はどう過したのか？

その辺の事情説明に「西郷は側近の桐野以下に祭り上げられたのだ」というのがある。露骨に言えば「血気にはやる無分別な武骨者たちに騙された」というのだ。この説は大久保を始め、生前の西郷を直接知る多くの人が信じ（西郷の実弟、従道は反乱の首謀者は別府、辺見だと言い、しばしば落涙した）、「西郷＝無実」論が試みられる。それは①西郷暗殺計画（私学校の連中が大久保、川路のスパイを拷問し、無理やり暗殺話をデッチ上げた）②国賊・西郷の名誉回復劇（明治22年、正三位の追贈）――でも用いられた論理だ。

西郷は騙されたのか？

ここに、気になる観察がある。西南戦争で薩軍が出立する4日前、西郷と旧知で親交のあったアーネスト・サトウ（在日英国公使館の通訳）が政情視察で鹿児島を訪れ、その時の様子を日記に書いている。それによると「西郷には約20名の護衛が付き添っていた。かれらは西郷の動きを注意深く監視していた」（傍点・筆者）とある。護衛は西郷の制止もきかず、2人のそばから離れない。旧交を温める再会の場はさんざんな結果で終った、とサトウは記す。西郷暗殺のウワサに備えた、とも考えられるが、いささか異常じみた「護衛」と「監視」は、実は西郷を拘束するためではなかったか、とサトウは見た。かつて倒幕運動のもとで、奔走する躍動感のあふれる西郷に親しんで来たサトウからすれば、まさしく異常と映ったのだろうが、実はこれ、サトウの見当違いとは思えないのである。

西南戦争（2月15日〜9月24日）を通じての西郷の寡黙《かもく》ぶりは、どうも尋常ではない。「あの西郷大将が率先垂範、政府の大軍と戦う」という未曽有《みぞう》の戦争なのに、西郷の〝顔〟が見えない、勇ましい号令が、アジ演説が響いて来ない。大騒動なのはどうも新聞の見出しだけ、といった具合なのだ。

事実、その通りなのであった。既に何度か紹介したが、西郷は厳重な警護の奥に引込んでいて、戦闘現場ではもちろん、作戦会議にもほとんど姿を現わさなかった。すべての軍事采配は桐野以下がとった。従って部隊の兵卒ですら西郷を見ることがなく、近辺でたまさか犬連れの村夫を誰何《すいか》（誰かと問う）したら、西郷だった…。

冬が去り、春、夏が過ぎ、秋を迎えようとしていた。この間、西郷は何を考えて過したのだろう。

西郷の言葉が戦争を通して肉声で響いたのは、わずか3回ほどに留まる。

1回目。薩軍が鹿児島を出立した2月15日。例の通告文「政府へ尋問の筋あり」が広く公表された時だ。もっとも、この通告文は西郷、桐野、篠原の連名で出されたから、西郷の言葉がどれほど盛り込まれたか——は判らない。

2回目。4月14日。熊本鎮台攻めが失敗に帰し、薩軍が次なる挽回を図って撤退を決めた4月14日。西郷は「この地を去れば人気も散乱せん。快く一戦して死を決すべし」と、いったんは総攻撃を下知したが…。

3回目。官軍に追いつめられた薩軍が延岡で、ついに解軍宣言を出した8月12日。西郷はこの戦争で初めて前線に姿を見せて指揮をとったが、挽回かなわず「我軍の窮迫、ここに至る。この際、諸隊にして降らんと欲するものは降り、死せんと欲する者は死し、唯欲する所に任せん」と声を詰まらせた。

なにがしかの意志表明が西郷から外部に発せられたのは、以上のわずか3回ほどなのだから、これはもう寡黙というより沈黙ではないか。

これから述べるのはフィクションだ。だが、フィクションと言えども何らかの手がかりが無ければ単なる虚仮《こけ》に過ぎない。ところがその手がかりがある。西郷の言葉が散りばめられた『遺訓』（前出）だ。

戦争の間、西郷は天に向って、対話を重ねて来た、と思われる。終始一《いっ》の如く…。

「人を相手にせず、天を相手にせよ。天を相手にして、己れを尽くして人をとがめず、我が誠の足らざるを尋ぬべし」。『遺訓』の一節だ。「人をとがめず」の「人」とは誰か。もとより『遺訓』は戦争以前の西郷の言葉で、抽象概念だが、現世人間たる西郷にも現実の「人」がいたはず。

当然、該当するのはまず、大久保であったろう。竹馬の友にして刎頸《ふんけい》の仲であった大久保。その大久保が「オイどんの暗殺を企てた？」。証拠（中原の自供書）らしきものもある。「まさか？」。逡巡《しゅんじゅん》しているうちに私学校の若者が暴発（火薬庫襲撃）した。「しまった。もう制止がきかぬ」。沸《わ》き返る郷土。指揮統制のため、立たざるを得ない西郷。薩軍の出立(2月15日)。だが、この時点ではまだ半信半疑だった西郷。大久保からの急信を待った。

ところが大久保からの連絡が一切来ない。それどころか、鹿児島の出立からわずか4日後、(2月19日)、薩軍は「鹿児島暴徒」とされ、西郷の名前は敢《あ》えて伏せられて「征討の詔」が発せられた。明治天皇も西郷の存在を知っていたはず。西郷の脳裏には若き天皇の思影が点滅したに違いない。

「これは一体、どうしたことか」。熊本城で戦端が開かれる（2月22日）まで、西郷は疑心暗鬼に揺れた。「大久保は、木戸は。天皇は…？」熊本鎮台の長官、谷干城（土佐出身）も参謀長の樺山資紀（薩摩出身）も旧知の間柄どころか師弟も同然で、彼等が西郷を敬慕していることを西郷自身よく知っていた。「まだ何とかなる」。

ところが、先に攻撃の火蓋《ひぶた》を切ったのは鎮台側だった。骰子《さい》は投げられた。

かくて全面戦争へ突入。

　それまでの間、西郷は大久保に「何か」を期待して来た。それはまず、彼の「木訥《ぼくとつ》の人格」のなせるところ。まずは相手を信じる、のだ。「大久保がオレの暗殺を企てるはずがない」。大久保の回答を待った。そして大久保からの助言を待った。「兵を置き、単身、上京せよ」

「兵を置き、単身、上京せよ」――と。

　そうなれば、賊軍の汚名も戦火への突入も、まだ避けられる。西郷は、そう読んだ。もとより西郷は単身、敵陣に乗り込み、赤心を推《お》して人の腹中に置くことを得意とする。維新戦争では、それを通して来た。偉大なる木訥なのだ。ましてや東京の政府は勝手知ったる我が家の如し、何のとまどいがあろう。

　ところが甘い計算だった。西郷の思いと期待は熊本郊外の一発の銃声でコッパミジンに砕け散った。

大久保とは終生の別れとなった。実は大久保が部下の伊藤博文に、西郷の挙兵を冷笑して「名もなく義もなく、曲直分明。不幸中の幸と心中に笑《え》みを生じ候」と告げていた（前出）など、知る由もない西郷であった。

西郷は沈黙の淵に沈む。「己れを尽くして人をとがめず。我が誠の足らざるを尋ぬべし」（『遺訓』）。西郷は言い訳を嫌う。「過《あやま》ちを悔しく思い、取繕《つくろ》わんと心配するは、茶碗を割り、その欠けを集め合わせ見るも同じ」（同）。沈黙は沈思黙考で、口数の多寡《たか》ではない。しかし西郷の場合、精神活動も沈潜してしまったようだ。仮りに西郷がハラを括《くく》って本気で采配を振っていたら、西南戦争の帰趨《きすう》はどうなっていたか。

だが、西郷にはその気が無かった。その証拠はいくつもある。以下に述べよう。

また少し重複するが、三たび、ことの流れを整理してみる。

まず、率兵上京に踏切ったものの、それに必要な綿密周到な作戦計画を用意していなかったことがある。薩軍の総指揮をとる桐野は進発に際し「政府を倒すのが目的にあらず。軍事演習なり」と語ったという（山口茂『知られざる西南戦争』）。耳を疑うような話だが、西郷とて、それほど「重大な覚悟」で出発したわけではなさそうで、県令の大山綱良に「2月下旬から3月上旬までには大阪に達すべく…」と言い残している。

官軍との交戦、死闘は全く念頭に無かった？

熊本鎮台との戦端が開くと、相手は意外に頑強だ。てこずる薩軍。官軍は北から南から薩軍を挟みうちにせんと日々、増援して来る。熊本に釘付けになった薩軍だが、九州各地からの応援部隊（党薩諸隊）も次第に加わって総勢3万にふくれ上った。対する官軍は倍の6万。大軍勢の攻防となった。だが、数の問題ではない。西郷は鳥羽伏見の戦いで官軍の指揮をとり、官軍4500に対し幕府軍1万5000。それでも勝利を掴んだ。

しかし、西郷は動かない。熊本城での攻防は時々刻々、徒《いたずら》に時が流れる。結局、一区切りがつくまで（それも薩軍の撤退というかたちで）52日間を要した。「一気にもみつぶす」（桐野）はずではなかったのか？　途中、薩軍内部に焦りの声が上った。「熊本に留まるのはまずい。東京はまだまだ遠い。早く主力を北上させて筑・豊・肥を攻略し、長崎と小倉を押さえるべきである」と西郷小兵衛（隆盛の弟）らが主張したが、篠原らは反対。軍議は消極案の長囲策を採った。西郷は静観に終始した。

既に説明したが、ここに薩軍の最大の〝誤算〟があった。仮りに薩軍が一早く北部九州一帯を押さえていれば、山県が一番恐れた如く、薩軍をピンポイントとして叩くのは難しく、やがて反政府の焔《ほむら》は全国各地から立上っただろう（山県は全国23ヵ所もの地名を挙げた）。

「西郷軍は勝つための戦争をする上では最悪の作戦をとった」（徳富蘇峰『近世日本国民史』）。

西郷の沈黙は深い。「勝つべき戦争」ならば西郷のなすべきことは沢山あったはずだ。なにしろ、維新第一と言われた軍略家の西郷である。まず、薩軍の作戦全体の統率権を握ることだが、西郷はそれをしなかった。次に、全国の有志に呼びかけて挙兵の名分を告げ、反政府の共同戦線を構築すべきだった。西郷に心通《かよ》わす各界の人士は少なくなかった。挙兵と言えば高知の立志社（林有造）は薩軍に呼応して具体的計画を練ったし（前述）、西南戦争を「第二の維新」ととらえた東北の杉田定一（同）らがいたし、又、佐賀の乱を始めとする各地の不平士族の残党、さらに小倉処平（飫肥《おび》隊）のように政府内、あるいは官軍内の西郷シンパも相当数いた。加えるに、山県が最も危惧した酒田、会津、庄内、米沢…などが。

他方、薩軍の銃器など装備の時代後れが言われたが、その点はイギリスのアーネスト・サトウ（前述）がいたではないか。西郷と旧知の仲だったし、第一、西南戦争は7カ月余の長丁場だったのである。その気になれば最新式の外国銃を手に入れる時間は十分あった。

だが西郷は、あれもこれも一切しなかった。端《はな》からヤル気が無かったのである。そう、戦争を、である。

熊本鎮台への攻撃が失敗に終った時点（4月14日）で西郷は、この戦争の帰趨《きすう》をも見て取った。「すべては終った。もはや何をかなさんや」と独り言《ひとりごと》つ。

つい、言葉が口を衝いて出た。

「この地を去れば人気《じんき》も散乱せん。快く一戦して死を決すべし」（前出）

沈黙を通して来た西郷が、珍しく発したこの下知《げち》（命令）を、周りは「決死の勇をふるえ」と取った。だが西郷の真情は「死を決すべし」であった。「この地で死のう」と言うのである。なぜなら「天命が尽きた」ことが自明であるからだ。

薩軍の命運は尽きた。

なぜ、それがわかるか。西郷の直感と洞察である。『遺訓』に言う。「知と能とは天然固有のものなれば『無知の知は慮《はか》らずして知り、無能の能は学ばずして能《よ》くす』（王陽明の語）と。これ何ものぞや。それ、ただ心のなすところにあらずや。心明らかなれば知、また明なるところに発すべし」。

結局、西郷の本意（玉砕）は部隊の共感を得なかったようで（西郷もあえて強制しなかった）、薩軍は南に撤退を開始する。その際、西郷は部下たちに「よし。この身はお前たちに預ける。浩然同道せん」――ほどのことを言ったに違いない。仁（おもいやり）の精神のしからしむるところだ。

そして西郷は再び沈黙の淵に潜む。元来、「慎独《しんどく》」を座右の銘にする西郷であった。「他人のいない所でも身を慎み、雑念をはらう」こと（『大学』、『中庸』）。

「至誠の域は、まず慎独より手を下すべし。小人はこの所、万悪の淵、善悪の分るる所なり。心を用ゆべし」（『遺訓』）。

薩軍にとって以後の5カ月間、鹿児島にたどり着くまでは文字通り、（仏教で言う）死出《しで》の旅だった。城山が〝死出の山〟だ。熊本からズルズルと後退を続け、衰滅し、散華した。西郷の見通したとおりだった。

だが西郷は何も口にしなかった。ただ、成すにまかせた。もはや大久保も官軍も、薩軍も私学校も、ましてや我身ですら、念頭に無かった。すべては彼此《ひし》の境を超えた。「天命を知る」ところだ。西郷、50歳。これは偶然か。論語（為政）にいう「知命」に当る。

一切を放擲した後に見えるもの、それを諸氏、諦観という。それは表面上の言葉の説明に過ぎない。しからば、その中味は？　そのヒントは、西郷の若き日の二度の流謫の体験にあったに違いない。

・安政5年（1858）12月～文久元年（1861）12月　奄美大島に3年

・文久2年（1862）6月～元治元年（1864）2月　徳之島～沖永良部島に2年8カ月

西郷、32歳から38歳の折り、都合5年8カ月に及ぶ島流しの日々を送った。当時は人生50年の時代、40歳（不惑）を目前にするまで、男盛りの日々を離島に罪人として留め置かれた西郷の胸中は、いかばかりであったろう。西郷はこの時、文字通り「死の淵」を何度も往来した。

時折の官軍との交戦。時の俗謡は「西郷隆盛、仏か神か、姿見せずに戦《いくさ》する」と囃した。もう、この時点で西郷は神仏になっていた…？

「もう、この辺でよか」。城山での西郷、最後の言葉である。西郷の肉体は滅び、魂が残った。そして、その魂は天を飛んで日本人の心の奥底にしっかりと住みついた。そう、日本人の間に「西郷教」が生まれたのである。西郷教は日本の歴史のなかでも珍しい「寛容」という扁額《へんがく》を掲げる（本来、キリスト教の重要な徳目だが）。

世に「西郷精神」とも言うべき言葉（キーワード）がある。「敬天愛人」だ。人口に膾炙《かいしゃ》している。

敬天思想は古代中国に起った思想で、絶対者は天に在り、地上には存在し得ないという教えだ。

愛人には、「人《じん》は仁《じん》（儒教の中核たる徳目）を意味する」との意見もあるが、それはそれ、「敬天愛人」は素直に「天をうやまい人を愛す」ととって良かろう。

「敬天」も「愛人」もきわめて卑近な言葉（概念）だが、「敬天愛人」となると、これは西郷の造語と言って良く、それ故に世人が広く受け入れたのであろう。で、西郷自身が敬天愛人という言葉を、どのような意味で使ったか、実例を見てみよう。『遺訓』の中に良い一例がある。わずか３０５文字の短文なので全文見ることにしよう（一部意訳）。

道は天地自然の道なるゆえ、講学（学問研究――註・筆者）の道は敬天愛人を目的とし、身を修するに克己《こっき》をもって終始せよ。己れに克《か》つの極意《ごくい》は論語に言う「意《い》なく必《ひつ》なく固《こ》なく我《が》なし（私意をなくし、無理押しをせず、固執せず、我を張らない）」だ。概して、人は己れに克つを以《もっ》て成り、自ら愛するを以て敗《やぶ》るるぞ。よく古今の人物を見よ。事業を創起する人の場合、事業は大抵《たいてい》十に七～八まではよく行くが、残り二つを成し得る人が希《まれ》なのは、初めはよく己れを慎み何事も大事にするゆえ、功も立ち名も顕《あらわ》るるなり。功立ち名顕るるに随《したが》い、いつしか自ら愛する

心起り、恐懼戒心《きょうくかいしん》の意ゆるみ、驕矜《きょうきょう》（たかぶり誇る）の気が次第に長じ、その成し得たる事業をたのみ、いやしくも我がことをしとげんとて、まずき仕事に陥り、終《つい》に敗《やぶ》るるものにて、みな自ら招くことなり。故に己れに克ちて、見ず聞かざる所に戒慎《かいしん》（戒め慎しむ）すべきものなり。

ここで再三、言及されるのは、己れに克つ（克己）ということである。この短文中に「克己」が4回も使われるのだから、西郷の言う「敬天愛人」の眼目《がんもく》が「克己」にあることが判る。

克己（己れに克つ）とはどういうことか。西郷が念頭に置いていた克己の実践に関する諸例が『遺訓』の他の断章にも出て来るので、大変参考になる。それも見ておこう。

右の「敬天愛人」の断章に続いて「克己」を語る幾つかの断章がある。

「己れに克つに、事々物々、時に臨みて克つようにては克ち得られぬなり。かねて気象を以て克ち居《お》れよ」

「気象」はこの場合、「気性」と同義で「心だて」「気だて」の意。この文章は要するに「普段から克己に努めよ」と言っている。

次にこうもある。

「学に志す者、規模を宏大にせずば有るべからず。さりとて、ただここにのみ偏《かたよ》れば、身を修するに疎《おろそ》かになるゆえ、終始、己れに克ちて身を修すること。規模を宏大にして己れに克ち、男子は人を容《い》れ、人に容れられなければならぬものと心得よ」

何事をなすにせよ、常に「己れに克ちて身を修する」ことを念頭に置け、と読める。

以上、「己れに克つ」ことの具体例、それを踏まえての敬天愛人への目標が鮮明になったと思うが、他方、「己れに克つ」ことが出来ないとすれば、どうなるか。つまり、反対の自己中心主義、自己愛の世界である。

西郷は『遺訓』の中で、こう語る。

「己れを愛するは善《よ》からぬことの第一なり。修行の出来ぬも、事の成らぬも、過《あやま》ちを改むることの出来ぬも、功に伐《ほこ》り驕謾《きょうまん》の生ずるも、皆な自ら愛するが為なれば、決して己れを愛せぬものなり」

自己愛とは厄介なものである。生まれつき備わっているものだから(俗に「一寸の虫にも五分の魂」と!)、ことさらにそうである。西郷はそれを、これまで見て来た通り、否定してかかることをすすめる。「自己主張を沈めよ」と。

この「自己愛」「自我」(エゴ、セルフ)という命題は、洋の東西、古今を問わず処世上の難問である。それは、単に善悪の対象ではないところに難しさがつきまとう。

西洋の思想は古代、デルフォイの箴言《しんげん》「汝自身を知れ」で自我の覚醒が促され、ヘラクレイトス(ギリシャの哲学者)が「我は我自らを求めたり」と応じた。それから時代が下って17世紀、デカルト(フランスの哲学者)が絶対確実な知識を求めて、疑い得ぬ確実な真理として「考える自己」を見い出し、近世哲学の扉を明ける。いわば「自我の確認」である。

その「自我」「自己」のありようが問題なのだ。

人間の本性は自己の利益のみを追求するように出来ている、と見る利己主義（エゴイズム）がある。これはフロイト派の立場だ。また、快楽を人生最高の価値と考え、行動基準とする快楽主義、さらに幸福主義もあるほか、ニュアンスを異にするが「最大多数の最大幸福」を標榜《ひょうぼう》する功利主義など、現代では多様な思想が併存する。これ、すべて自我、自己愛＝自己主張のなせる所為《わざ》だ。

この近代的自我の超克というテーマは、現代の市民社会が抱える大きな課題のひとつだ。個の尊重と社会的公正（平等）のバランスを、どこに置くか。前者が肥大化するとエゴイズムが漫延し、後者が圧倒すると全体主義社会（ファシズム）に傾く。

江戸初期に安東省庵《せいあん》という、まあ「比類なき学問的求道者」とでも言うべき武士がいた。柳川藩（福岡）で朱子学を講じて仕えていたが、折りから明の儒者、朱舜水《しゅしゅんすい》が長崎に亡命して来ると、教えを請うて弟子入り。自分の禄米《ろくまい》の半分を舜水に捧げ、己も赤貧に甘んじて師の生活を支えた。それは、後に舜水が水戸の徳川光圀に招かれて去るまで5年余にわたって続く。

これなど「利他主義」の典型だろう。省庵は「名を好むは学者の大病」と、身すぎ世すぎの学問は避け、「学問とは畢竟《ひっきょう》、心をみがくこと」と述べ、弟子には「仁に志す。言を慎む。己を虚《きょ》にせよ」と説いた。

省庵は死に臨み「われ、才なく徳なし」と自分の墓碑銘や伝記類を編むことを禁じ、従容として逝った。以下は彼の言葉である。

「人能《よ》く己れを虚《むなしゅ》うせば、善を人に取る」

どこか西郷と響きあうものがある。この人物は歴史に消えた。

利己、利他、いずれにせよ、このことは、人が社会生活を営む上で、その人物の人生観が問われるテーマである。現代の思想家、例えばフランスの実存主義哲学者、サルトル（１９８０年没）もこの問題を重視した。人間の存在というものは、社会に向きあう自分と、己れ自身に向きあう自分の二面性を持ち、サルトルは前者を対他存在、後者を対自存在と呼んだ。そしてサルトルは対他存在の重要性を指摘すると同時に「社会参加」の必要性もまた強調した。人間はエゴを抱えた社会的存在なのだ。

西郷の話に戻る。実は西郷を「求道者」と見る向きは決して少なくない。そう、彼は単なる武人、政治家としては捉えられないのだ。だが彼を「求道者」と言っても、決して頑固一徹な教条主義者ではないことは、見て来た通り。融通無碍《むげ》の幅がある。彼が、出生（門地）、身分、富貴（財産）など、現生についてまわる俗物性を否定し、人間解放を言うあたり（寛容）、彼をロマン主義者、すなわちロマンチストと評する人もいる。これまた宜《むべ》なるかな、である。

西郷は、こうも言っている。

「道は天地自然のものにして、人はこれを行うものなれば、天を敬するを目的とす。天は人も我も同一に愛したまうゆえ、我を愛する心を以て人を愛するなり」

この文の末尾のところ、「我を愛する心を以て人を愛す」の件りは、賢明なる読者はお気付きのことだろうが、聖書にある「自己を愛するように、あなたの隣人を愛せよ」と通底する考えだ。西郷が、キリスト者（内村鑑三ら）から敬慕されたのも、故なしとしないわけだ。

敬天愛人のココロは克己主義であり、「道を行う」にあった。「道を行う」については、これまた、『遺訓』に数章、記述があるが、そのうちの一章を以下に示す。

「道を行う者は、もとより困難にあうものなれば、いかなる艱難《かんなん》の地に立つとも、事の成否、身の死生などに少しも関係せぬものなり。事には上手下手《へた》あり。ものには出来る人、出来ざる人あるより、自然、心を動かす人あれども、人は道を行うものゆえ、道を踏むには上手下手もなく、出来ざる人もなし。故にひたすら道を行い、道を楽しみ、もし艱難にあって之を凌《しの》がんとならば、いよいよ道を行い、道を楽しむべし。予《よ》（私は）、壮年より艱難という艱難にかかりしゆえ、今はどんな事に出あうとも、動揺はいたすまじ。それだけでは幸せなり」

西郷精神は単なる観念論ではなく、具体的な実践（「道を行う」こと）を通して初めて発揮されるものだ。

「敬天愛人」。西郷が造ったこの言葉を好む日本人は多い。寛容は天のまなざしなり。かつて、西郷星が輝やいた。西郷というトータルな人格の魅力は、人の心をギュッと一まとめに掴んで放さない。そして、その魅力は語り尽くせず、日本人の琴線に触れる。

掬《すく》すれど
なお掬すれど
キラキラと
零《こぼ》れしたたる
岩清水《いわしみず》かな

おわりに　「無字の書」

ここに至って、改めて読書子に御礼を申上げる。筆者の拙き駄文、弄筆《ろうひつ》に最後までおつきあい頂いた。そこで本当に最後になるが、西郷が好んだ警句のひとつを紹介し、彼の意中を察する縁《よすが》としよう。西郷は決して能弁ではなかった。読書人だった西郷が「無字の書」を読め、と言う。この警句の原文は江戸末期の儒者、佐藤一斎《いっさい》の「言志録《げんしろく》」にあるが、西郷はこの書を愛読し、気に入った章句を100ほど書き抜き、手元に置いていた（『遺訓』にある手抄《しゅしょう》言志録）。その警句は次の通り。

「学は自得《じとく》を貴《とうと》ぶ。人、いたずらに目をもって有字の書を読む。故に字に局し（こだわり）、通透《つうとう》することを得ず。まさに心をもって無字の書を読むべし。すなわち洞《とう》して自得するところ有らん」（傍点、筆者）。

願わくば、小誌が「無字の書」たらんことを…。とは、危うきかな、危うきかな。

（完）

田原坂の戦い

ISBN978-4-434-25460-4 C0121

発行日　2018年11月20日　初版第1刷

著　者　岡本　顕実

発行者　東　保司

発行所

櫂歌書房

〒811-1365　福岡市南区皿山4丁目14-2
TEL 092-511-8111　FAX 092-511-6641
E-mail: e@touka.com　http://www.touka.com

発売所　株式会社　星雲社